Petit lexique des mots essentiels

Odon Vallet

Petit lexique des mots essentiels

LE GRAND LIVRE DU MOIS

22, rue Huyghens, 75014 Paris

Avant-propos

Chercher dans la « racine » des termes leur florilège de sens, c'est découvrir le cheminement complexe des idées humaines : les étymologies croisées ressemblent à des espèces hybrides et les emprunts étrangers aux greffes exotiques. Un jardinier des mots sélectionne les sujets les plus résistants aux agressions des modes : ceux qui composent durablement notre paysage culturel ont su plier devant les assauts du temps en adaptant leur forme et leur sens aux parlers et aux penser nouveaux. Il en est du vocabulaire antique comme de la forêt originelle : rien ne subsiste à l'état pur mais rien n'existerait sans cet état archaïque qu'on appelle premier, faute de pouvoir remonter au-delà. Une grande prudence s'impose dans l'étymologie, cette recherche d'un « vrai sens » du mot qui n'est qu'un état transitoire.

Ces mots essentiels ont donc été choisis en raison de la richesse de leur histoire autant que de leur importance actuelle. Les racines des mots sont au vocabulaire ce qu'est la partie immergée de l'iceberg à l'inconscient : la région la plus profonde et la moins visible qu'il faut méthodiquement explorer. Les termes sélectionnés ne sont pas toujours les plus fréquemment utilisés mais leurs glissements de sens sont les plus significatifs dans le développement de la pensée humaine.

On a étudié ces termes dans la diversité de leurs emplois (le champ sémantique) et l'évolution de leur sens (le trajet thématique). Des familles des mots sont ici représentées et des groupes de langues aussi : les mots retenus sont généralement très ressemblants dans plusieurs langues, latines ou germaniques. Pour ne pas allonger démesurément les listes, on s'est, sauf exception, limité au français, à l'italien, à l'espagnol et au portugais ainsi qu'à l'allemand et à l'anglais. L'histoire des mots est ici inséparable de la culture européenne.

Les mots ont été suivis depuis leur racine (généralement indo-européenne, plus rarement sémitique) jusqu'à nos jours en passant par un état intermédiaire (majoritairement en latin). Ces trois stades ont paru suffisants : étudier les variations de sens à chaque siècle aurait alourdi considérablement la rédaction et les usages obsolètes sont trop nombreux pour être mentionnés. Pour faciliter la lecture, les termes de la même racine que le mot éponyme, ainsi que les mots étrangers, sont en italique.

Les mots choisis appartiennent au vocabulaire politique, économique, social et religieux. Ils constituent une sorte de fonds commun de l'« honnête homme » moderne qui renouerait avec les humanités classiques, désormais fort peu enseignées dans notre système scolaire. L'importance du vocabulaire religieux se justifie par le fait que le sacré était omniprésent et que la séparation de la philosophie et de la théologie, de l'intellectuel et du spirituel était beaucoup moins nette qu'aujourd'hui dans les époques lointaines où ces familles de mots ont vu le jour ou, du moins, sont apparues dans les écrits.

La sélection des termes s'est faite en fonction de l'intérêt de leur histoire plus que de la fréquence de leur usage. Des mots comme divan ou hiérarchie figurent parce que l'évolution spectaculaire de leur sens est un sujet inépuisable de réflexions. Il en est de même pour nostalgie, nom servant de titre à une thèse de médecine bien oubliée que l'auteur a retrouvée à la bibliothèque de l'université de Bâle. Le vocabulaire médical est d'ailleurs largement représenté et son étude s'appuie sur des cours de sciences humaines professés à l'université Paris-VII (faculté de médecine Xavier-Bichat) tandis que le vocabulaire juridique et politique se réfère à des enseignements délivrés à l'université Paris-I (U.F.R. droit, administration et secteur public). Cet ouvrage s'appuie aussi sur de nombreux travaux de linguistique comparative dont on trouvera une liste abrégée dans la bibliographie. Enfin, il n'aurait pas pu voir le jour sans de multiples visites à la bibliothèque des lettres de l'École normale supérieure. Que son bibliothécaire, M. Pierre Petitmengin, et ses assistants soient ici remerciés.

Adolescent

L'adulte se définit par son passé et l'adolescent (italien, espagnol et portugais *adolescente*) par son présent. Adulte vient du participe passé *(adultus)* du verbe latin *adolescere* et adolescent de son participe présent *(adolescens)*. L'adulte est « celui qui a grandi » et l'adolescent, « celui qui grandit ».

Cette définition est en accord avec la biologie qui décèle un pic de croissance dans l'adolescence alors que la taille de l'adulte ne varie plus, du moins jusqu'à ce qu'il perde quelques centimètres dans son grand âge.

Ou jusqu'à ce qu'il se dope aux hormones de croissance. Des sportifs trentenaires voient leurs pieds et leurs mains s'allonger, leurs mâchoires devenir proéminentes : ce facteur de croissance, cet extenseur chimique nous rappelle que l'être humain pousse comme les végétaux (le verbe *adolescere* s'applique d'abord aux plantes) et l'on parle souvent d'un jeune homme trop vite grandi comme d'une « grande tige ». À l'inverse, les bébés gymnastes ont été empêchés de grandir pour le plaisir sadique d'adultes qui s'extasient devant ce nanisme provoqué.

L'augmentation de taille des hommes et des femmes (comme des bébés à la naissance) depuis un siècle modifie notre regard sur la jeunesse et la vision des jeunes sur leurs aînés : les adolescents nous dominent, parfois nous toisent, surtout lorsque leurs vis-à-vis adultes sont des femmes, comme la grande majorité de leurs professeurs.

Cette extension du corps humain est, en partie, liée à une meilleure alimentation et l'on en a une spectaculaire confirmation en voyant la taille des jeunes Asiatiques depuis que, grâce à la chaîne du froid, les laitages ont pris une place importante dans leurs repas. Et les césariennes se multiplient chez les femmes qui portent de grands bébés. La vieille caricature raciste des « petits hommes jaunes » a pris un coup de vieux.

La linguistique confirme la diététique. *Adolescere* est composé de la préposition *ad* indiquant le mouvement et du verbe *alere* (lui-même issu d'une racine indo-européenne *al*) signifiant d'abord « nourrir »puis « élever ». Le participe passé, *altus*, a donné les mots français *altitude, altesse, haut, hautain, exhausser, exalter, exaucer* (par confusion avec *exaudire* = écouter), *abolir* (jeter à bas), termes qui impliquent tous une idée de hauteur physique ou morale. Mais *alere* a aussi fourni *aliment, alumnat* (lieu où l'on élève un jeune), *prolétaire* (celui qui ne peut être utile à l'État que par sa descendance), *prolifique* (qui a la faculté d'engendrer et de nourrir).

On ne peut donc dissocier grandir et nourrir. L'adulte sait qu'il doit moins manger que l'adolescent mais il ne parvient pas toujours à réduire sa ration *alimentaire* comme s'il avait la nostalgie d'un âge sans restrictions. Quant aux vieux, l'anglais les nomme *old*, terme dérivé d'*altus* et signifiant à l'origine « élevé », « nourri », à une époque où la brièveté de la vie humaine faisait d'un adulte presque un vieux et où il était courant d'atteindre les plus hautes fonctions dans le jeune âge : Ney était général à vingt-sept ans et Angélique Arnauld abbesse de Port-Royal à... onze ans.

Le fait de ne pouvoir indéfiniment grandir physiquement, moralement ou socialement cause bien des souffrances dont témoignent les talons hauts ou les semelles compensées. Les chapeaux hauts de forme ou les bonnets à poils des soldats d'autrefois avaient aussi pour but d'impressionner ceux d'en face. Et si l'on exige des mannequins une grande taille, c'est qu'ils doivent incarner le corps idéal, toujours un peu plus grand que celui de la majorité du public.

Quand cesse-t-on de grandir ? Moralement ou intellectuellement, il n'y a pas de limite précise et, au temps de Montaigne, on appelait encore adolescent un homme de trente ans qui passait presque directement à la sénescence. Nos *adoles-*

cences interminables, liées aux études prolongées, ne datent donc pas d'hier.

Mais, socialement, on ne s'élève pas toujours et il faut souvent courber l'échine devant celui qui trône au sommet des hiérarchies. Dans la Cité interdite, les visiteurs devaient faire la triple génuflexion devant l'empereur de Chine puis se tenir agenouillés pour rester inférieurs.

Le roi Naraï de Thaïlande se montra moins hautain. En 1687, il autorisa l'ambassadeur de France à rester debout face à lui. Ce geste évita sans doute une guerre avec le royaume de Louis XIV. Mais le monarque du pays du sourire prit soin de faire rehausser son trône pour n'avoir jamais à lever les yeux vers le trop fier diplomate.

Car, sauf révolution, guerrière ou mentale, on ne peut guère bouleverser nos conceptions de la grandeur ni nos échelles des valeurs. C'est pourquoi les basketteurs américains sont les sportifs les plus grands et les mieux payés du monde. On vénère celui qui nous dépasse même s'il ne doit sa hauteur ostensible qu'à l'assistance d'un piédestal ou à la plus haute marche du podium. Voilà ce qu'ont déjà compris ces assoiffés de grandeur que sont les adolescents.

Âme

Ce qui distingue l'âme d'un violon et celle d'un canon, l'âme d'une poutre ou d'un rail, d'une statue ou d'un soufflet, c'est d'être la pièce essentielle, la partie vitale de l'objet. L'essentiel peut venir du vide (le creux d'un canon) ou du vent (l'air dans le soufflet) car l'âme semble immatérielle.

Le mot âme (espagnol et portugais *alma*, italien *anima*) est issu d'une racine indo-européenne exprimant l'idée du souffle. En dérivent le verbe allemand *atmen* (respirer) et le sanskrit *âtman* (le soi, l'âme individuelle). L'âme est assimilée à l'air nécessaire à la vie qui se maintient jusqu'au dernier souffle de l'homme. L'origine de l'âme est donc plus physique que métaphysique et ne postule pas forcément la croyance en une vie après la mort.

Le grec a d'ailleurs utilisé cette racine pour former des mots au sens purement physique comme *anémos* (le vent, cf. *anémomètre*) et, probablement, *anémonè* (l'*anémone* est une fleur s'ouvrant au souffle du vent).

En latin, cette racine est employée dans un sens tantôt spirituel, tantôt matériel. *Animus* est le principe pensant de l'homme, *anima* l'âme opposée au corps mais aussi l'air que la respiration amène dans les poumons. Jung s'est servi de cette opposition *animus-anima* pour désigner la masculinité de l'esprit et la féminité de l'âme, présentes en chaque être des deux sexes un peu comme le yang et le yin chinois.

L'*animal* est ainsi nommé parce qu'il est animé, vivant, actif comme l'homme qui fait partie de son règne. Dans les langues indo-européennes, avant la distinction du féminin et du masculin, il y avait deux genres : l'*animé* s'appliquait aux humains, aux animaux, aux végétaux (qui ont une vie et une mort) et aux astres (qui sont ou semblent en mouvement) tandis que l'*inanimé* (ancêtre de notre neutre) était réservé aux minéraux inertes. La frontière entre les deux genres n'a jamais été étanche et l'on trouve un écho de cette porosité dans les célèbres vers de Lamartine (« Milly ») :

« Objets inanimés, avez-vous donc une âme
Qui s'attache à notre âme et la force d'aimer ? »

L'ambiguïté des sentiments de l'âme se manifeste dans des composés tels que *animosité* (ardeur négative), *pusillanimité* (ardeur faible), *longanimité* (ardeur durable, patience), *équanimité* (égalité d'âme), *magnanimité* (grandeur d'âme) et *unanimité* (âmes en accord).

Ce dernier terme pose le problème de l'âme collective (ou de l'inconscient collectif selon l'expression de Jung). À la grande époque du nationalisme, on parlait volontiers « d'âme française » ou « d'âme allemande » pour désigner des traits de caractère supposés communs à tous les membres d'un même peuple et propres à celui-ci. Freud, à qui la notion d'âme (*Seele* en allemand) n'était pas étrangère, ne l'appliquait qu'à l'individu et se méfiait de tout psychisme de groupe, lequel supposerait des communications invisibles et une transmission de pensée relevant de la parapsychologie.

Reste la question controversée de l'âme après la mort et, donc, hors du corps. L'*animisme* est, précisément, la croyance en des âmes agissant en dehors des humains vivants et se logeant dans les animaux, les astres, les rivières ou les volcans, tous animés par des forces invisibles et, donc, mystérieuses, auxquelles la réincarnation*, dans les religions indiennes, est un ultime hommage.

Le terme « animisme » a été sinon inventé du moins théorisé par un médecin allemand, Georg Ernst Stahl (1660-1734), qui faisait de l'âme le siège des forces vitales. Cet animisme effaçait les frontières entre psychologie et physiologie par une doctrine vitaliste qui donnait à l'âme une force extracorporelle.

Chimiquement, cette force est un gaz, l'oxygène nécessaire à la vie. Le spirituel retrouve ici son sens aérien, celui du latin *spiritus* qui désigne à la fois la respiration du corps et l'inspiration de l'âme.

---

* Les astérisques renvoient le lecteur à un mot figurant dans cet ouvrage.

Âme

Le couple latin *anima/spiritus* a son correspondant en grec avec *pneuma/psychè*. *Pneuma* possède un sens biologique aussi bien que théologique : la pneumologie s'intéresse aux poumons et la pneumatologie au Saint-Esprit. *Psychè* a aussi cette double signification relative à l'âme et au souffle et a même fini par désigner le papillon, animal à la légèreté pneumatique.

En hébreu, *ruah* désigne l'air en mouvement et le souffle de vie, *nèphech* la gorge (organe de l'alimentation et de la respiration) et l'âme. En arabe, *rûh* désigne plutôt l'esprit divin et *nafs* l'âme concupiscente, siège des aspirations charnelles. En chinois, *qi* représente l'air de l'atmosphère et le souffle vital de la médecine taoïste.

Une telle ambivalence des mots dans des langues aussi différentes montre à quel point les religions ont cherché à perpétuer la vie pour vaincre la mort, symbolisée par le dernier souffle. La médecine a le même objectif grâce à la *réanimation* que le jargon médical appelle parfois ressuscitation.

Amnistie

Comment distinguer l'oubli et le pardon ? C'est un vœu pieux suivant chaque massacre, une formule obligatoire après un génocide : il faut pardonner et non oublier. Mais comment faire lorsque les deux notions sont exprimées par un même mot ?

Car amnistie est issu du grec *amnèstia* désignant l'oubli et le pardon. L'*amnésie* est très proche de l'amnistie, les deux mots étant d'ailleurs composés du même préfixe privatif *a* et d'un participe du verbe *mimneistein* (« faire souvenir »), lui-même tiré de la racine indo-européenne *men* indiquant un mouvement de la pensée (voir monument*).

Amnèstia fut très employé, en grec patristique, pour désigner l'oubli et le pardon des péchés de l'homme ou des torts du prochain dans le but d'une réconciliation. En ce sens, on parlait d'une amnistie du baptême, effacement général des fautes, accordé une seule fois dans la vie. Il était donc judicieux de se faire baptiser sur son lit de mort pour bénéficier de cette amnistie automatique dont rêvent nos députés. C'est ce que fit le premier empereur chrétien, Constantin le Grand, après avoir tué son fils, noyé sa femme, poussé au suicide son co-empereur et... convoqué le concile de Nicée dont il ratifia les actes.

Le retour au grec de la Renaissance européenne permit à l'amnistie de se faire connaître en plusieurs langues, d'abord en français (amnistie) puis en allemand *(Amnestie)*, en anglais *(amnesty)*, en italien, en espagnol et en portugais *(amnistia)*.

En 1962, le mot fut popularisé grâce à l'action d'*Amnesty International*, organisation d'origine britannique qui défendait alors les prisonniers politiques de la guerre d'Algérie, notamment ceux de l'O.A.S. Cette guerre suscita une grande loi d'amnistie, celle du 23 décembre 1964 *amnistiant* de plein droit « toutes les infractions commises en Algérie en réplique aux excès de l'insurrection algérienne ». En clair, l'amnistie s'appliquait aux « excès » de la répression, aux exécutions sommaires et aux tortures.

Depuis cette époque, beaucoup de tortionnaires et de dictateurs du monde ont été amnistiés par le régime politique qui leur succéda : les démocrates amnistient les barbares au nom de la « réconciliation nationale ». Pour des faits moins graves (le financement des partis politiques), toutes les formations « républicaines » s'entendent pour décréter une amnistie qui, aux yeux de l'opinion publique, devient synonyme d'impunité.

L'opinion a théoriquement raison car si la grâce* éteint la peine, l'amnistie efface la faute : en droit français, toutes les condamnations et déchéances effacées par l'amnistie disparaissent des dossiers judiciaires ou de police, à l'exception des minutes des jugements ou arrêts. Mais l'effacement n'est pas total et, par exemple, il n'entraîne pas la réintégration dans la fonction publique. L'amnistie n'est donc pas une réhabilitation. Et, pour compliquer le tout, on parle parfois de grâce *amnistiante* à propos de mesures dont l'effet concerne la peine et la faute.

L'amnistie n'est donc pas rétroactive : elle efface les effets de l'infraction sans reconstruire le passé du condamné et, notamment, sa carrière. En ce sens, elle ressemble à l'absolution qui, dans la théologie catholique, rétablit le pécheur dans la grâce de Dieu sans pour autant supprimer le péché. L'amnistie, comme l'absolution, efface de la faute les conséquences à venir mais pas les résultats passés.

Ce subtil équilibre peut passer pour le raisonnement spécieux d'un casuiste tourmenté. L'opinion publique ne comprend pas de quel droit on amnistie un délit ou on absout un péché par un discours alambiqué comme on dissout un cachet d'aspirine dans une eau effervescente. Aujourd'hui, le « bon larron » sur sa croix n'aurait aucune remise de peine ni promesse de Paradis. Le devoir de mémoire impose le jugement du fautif et préfère le droit des victimes au salut du coupable.

La psychanalyse a joué un rôle majeur dans ce combat contre l'oubli en facilitant le retour des souvenirs refoulés dans l'histoire des individus ou des peuples. L'évocation de la Shoah doit beaucoup aux disciples de Freud dont les quatre sœurs sont mortes en camp de concentration. La psychiatrie a donné au contraire de l'amnésie le nom d'*anamnèse* (« retour du souvenir »), un vieux terme de théologie désignant la commémoration de la Cène et de la Passion du Christ. Et du supplice d'un rebelle juif à celui des victimes du nazisme, il ne peut y avoir de pardon de l'horreur sans mémoire du martyre.

Antisémitisme

Antisémitisme (anglais *antisemitism,* italien, espagnol et portugais *antisemitismo*) est, comme pédophilie*, un quasi-faux sens. Il faut donc se demander pourquoi on utilise un terme mal choisi. Si un scientifique confondait anticorps et antigène, on le traiterait d'ignare. Et un médecin prenant un antibiotique pour un antiviral serait carrément dangereux. Mais on peut abusivement parler d'antisémitisme, expression qui, paradoxalement, masque un racisme latent.

Le mot apparaît en allemand *(Antisemitismus)* vers 1880. Il est repris, en français et en 1886, par Édouard Drumont, journaliste catholique et antijuif, auteur de *La France juive.* En 1894, au début de l'affaire Dreyfus, ce terme est utilisé par Anatole France dans son roman *Le Lys rouge,* avec un sens péjoratif : « L'antisémitisme, c'est la mort... de la civilisation européenne. »

Il aurait mieux valu parler d'antijudaïsme. En effet, un *sémitisme* est, en linguistique, une tournure propre aux langues *sémitiques* comme un germanisme est une particularité des langues germaniques. Mais on a fini par confondre hébreu et sémitique comme allemand et germanique.

C'est une grave erreur puisqu'on recense une

trentaine de langues sémitiques. La plupart, comme le phénicien ou le babylonien, ont disparu depuis longtemps. Quelques-unes, comme l'araméen (la langue de Jésus) ou le syriaque, ont encore un usage liturgique dans des Églises orientales. Et deux autres, l'arabe et l'hébreu, sont toujours parlées.

Pis, les historiens des religions du XIXe siècle ont fini par verser dans un ethnocentrisme voisin du racisme en opposant trop systématiquement langues et civilisations indo-européennes à leurs homologues sémitiques. Or, il y a autant de différences entre le Yémen et le Liban qu'entre le Portugal et la Finlande.

Il n'est d'ailleurs guère facile de caractériser un *Sémite*. Le mot est issu du livre de la Genèse (chapitre 10) où la Bible rattache tous les peuples de la terre aux trois fils de Noé : Sem, Cham et Japhet. Elle précise que « chacun eut son pays suivant sa langue et sa nation selon son clan ». Au XVIIIe siècle, les philologues européens classèrent donc les langues de l'Europe et du Proche-Orient en langues japhétiques (ou indo-européennes), sémitiques et chamitiques (comme le berbère ou l'égyptien antique).

Cette classification, bien que parfois contestée, est encore admise par une majorité de spécialistes mais les frontières linguistiques ne coïncident pas toujours avec les groupes ethniques ni avec les limites religieuses. Un Palestinien actuel peut être musulman ou chrétien et tire son nom d'un peuple indo-européen (les Philistins) alors qu'il parle la langue d'un peuple sémitique (l'arabe) et se voit comme le descendant d'un autre peuple sémitique (les Cananéens).

Les Israéliens d'aujourd'hui parlent une langue sémitique (l'hébreu) mais sont des immigrants slaves, germaniques ou latins, majoritairement venus de pays occidentaux malgré la présence de minorités éthiopiennes (les Falachas) voire indiennes (les juifs de Cochin). Et que dire des Black Hebrews, venus des États-Unis, qui se disent les juifs les plus authentiques parce que les plus noirs de peau ?

Comment être cohérent avec soi-même et opposé à des gens aussi divers ? La réponse se trouve dans la préposition *anti,* issue de la racine indo-européenne *ant,* dont le sens originel est « en face de ». En grec, cette particule a des sens spatiaux divers et parfois contradictoires exprimant l'opposition (celui qui se trouve en face est un adversaire) ou l'échange (on commerce avec son voisin ou son vis-à-vis).

En latin, *ante* avait des sens spatio-temporels et signifiait à la fois « devant » et « avant » (cf. les mots français *antérieur, antique,* etc.) alors qu'aujourd'hui on estime que ce qui nous précède est plutôt derrière nous. Dans un article publié en 1910, sur les sens opposés dans les mots primitifs, Freud avait déjà montré que le langage, comme l'inconscient, se joue de ces contradictions et que les prépositions ont souvent un double sens qui s'ingénie à marier les contraires pour mieux masquer le désarroi des sentiments. Les humains sont ainsi contre et tout contre les uns les autres : il y a de l'amour dans le corps-à-corps des boxeurs et de la haine chez les amants entrelacés.

L'antisémitisme, au sens propre du terme, recouvre une double haine contre les Juifs et les Arabes, les fils d'Israël et ceux d'Ismaël, si proches dans leur cœur de mal-aimés et dans leur corps de circoncis. Le procès Papon a montré comment une même police pouvait tour à tour livrer des Juifs aux nazis et jeter des Arabes dans la Seine.

L'antisémitisme est un mélange de fascination et de répulsion, « une haine de la jouissance de l'autre » selon la définition du racisme de Jacques-Alain Miller. Un peuple est un être collectif envers lequel on noue des sentiments ambigus et que l'on veut haïr par peur de trop l'aimer.

Argent

Au temps de la monnaie virtuelle, la langue française continue de donner aux moyens de paiement le nom d'un métal dix fois plus lourd que l'eau : l'argent.

Parce que la « mauvaise » monnaie a chassé la « bonne », la plus dévalorisée inondant le marché, l'argent a pris la place de l'or comme terme général désignant les richesses. À l'époque du papier-monnaie, Zola appelait *L'Argent* un roman sur les boursiers et les banquiers, professions qui avaient déjà abandonné la monnaie métallique. Et à l'époque de la carte à puce, on dit toujours d'une personne pauvre qu'elle est *désargentée*.

En latin, *argentum* désignait à la fois le métal du même nom et une monnaie en général. Le mot est issu d'une racine indo-européenne *argu* indiquant ce qui est blanc, clair ou brillant et possède donc la blancheur éclatante de l'éclair : l'argent est le métal brillant comme l'or le métal jaune. Cette racine a fourni le verbe *arguere* (« expliquer clairement », « éclairer ») qui a donné les mots *arguer, argument* et *argutie*.

En grec, cette racine a donné l'adjectif *argos* (« d'un blanc brillant ») d'où viennent les mots français *argile* (terre de teint claire) et *Argus* (le journal qui surveille de près un sujet comme le géant mythologique *Argos,* aux cent yeux brillants, surveillait la nymphe Io).

L'argent possède, lui aussi, une valeur mythique, influencée par sa substance de métal lourd. Le germanophone Freud écrivait, en 1911, que « l'or est connu de la façon la plus univoque comme symbole des excréments ». En allemand, l'or *(Geld)* est l'équivalent du français argent dans le sens de richesse. Freud estimait que l'accumulation des richesses est l'équivalent de la rétention anale et l'on parle souvent d'un avare comme d'une personne « constipée du portefeuille ». En une époque où le stock d'or des banques centrales était le signe majeur de la prospérité d'un État, le symbolisme anal de l'argent ou de l'or semblait évident.

Mais l'accélération de la vitesse de circulation monétaire a largement périmé ce schéma : on parle d'argent liquide au sens non pas de métal en fusion mais de moyen de paiement facilement répandu. On « arrose » une région ou une personne en ouvrant le robinet à crédits : l'argent véhicule un érotisme urétral, plus sensible encore dans l'or dont la couleur jaune évoque l'urine.

La monnaie électronique vieillit déjà ces métaphores. Les banques centrales vendent leurs stocks d'or, les ménagères ne tiennent plus les cordons de la bourse (évoquant le cordon spermatique) et la Bourse elle-même est un réservoir vide (les transactions informatisées ne se font plus dans son bâtiment). Quant au robinet à crédits, c'est une suite de virements ou de transferts automatiques, bien éloignés du symbolisme du corps humain.

Rendus aux orfèvres et bijoutiers, les métaux précieux ne sont actuellement que des produits industriels. Mais ils gardent leur prestige, lié à la nostalgie de la ruée vers l'or, du fleuve Pactole du roi Crésus ou de l'Eldorado des conquérants espagnols. Ainsi perdure, dans l'imaginaire des peuples, la légende dorée de l'argent.

Beauté

L'histoire des mots va parfois à contresens de celle des idées. Ainsi les Grecs, notamment Platon, instauraient une étroite correspondance entre le beau *(kalos)* et le bon *(agathos)* alors que la langue grecque n'établit aucun lien étymologique entre ces deux termes.

En revanche, d'une racine indo-européenne *dwenos,* le latin a tiré les mots *bonus* (« bon ») et *bellus* (« mignon », « joli »). De ce dernier, vient le français beauté (anglais *beauty,* espagnol *belleza,* italien *bellezza,* portugais *beleza*).

De *bonus* et de l'adverbe *bene* (« bien ») dérivent des termes ayant une valeur morale négative ou positive : *bonasse* et *bon, benêt* et *béni* (de *benedictus,* « bien dit », d'où vient le prénom *Benoît,* saint fondateur des *Bénédictins*). *Bénin, bienfait* (et son doublet *bénéfice*), *bienveillant* et *bénévole* ont un sens évident. *Combien* (comme *bien*) possède une dimension quantitative que l'on retrouve dans les biens matériels distingués du bien moral.

Bellus avait un caractère ironique et familier qui faisait réserver ce terme aux enfants mignons et aux jolies femmes. Il a une postérité abondante dans les langues latines et germaniques alors que le mot latin noble pour beau (*pulcher*) n'a guère eu de dérivés modernes. Sont issus de *bellus beau, embellir, belette* (appellation flatteuse, peut-être destinée à conjurer les méfaits de ce petit mammifère) et *bellâtre.* Ce dernier terme, plutôt péjoratif comme benêt ou bonasse, nous rappelle que, dans l'histoire des langues, toute qualité excessive est un vilain défaut.

Bonheur

Le bonheur est français : aucune autre langue n'exprime la même idée avec un mot de la même racine et il en est de même du malheur : ni l'anglais *happiness,* ni l'allemand *Glück,* ni l'italien *felicità* (espagnol *felicidad,* portugais *felicidade*) n'ont le moindre rapport étymologique avec le bonheur. Ces trois derniers mots sont issus du latin *felix* (« heureux », « fécond ») qui est dérivé, comme le verbe *fellare* (d'où en français fellation) signifiant « sucer » (le lait), d'une racine indo-européenne *dhè* exprimant le fait de téter.

Mais le sens premier du bonheur est assez proche de cette félicité originelle. *Heur* est une évolution du latin *augurium* désignant l'*augure,* présage favorable ou non, cause du bonheur ou du malheur. *Augurium* vient du verbe *augere* (d'où le nom impérial d'*Auguste*) signifiant « *augmenter* », « faire croître », « donner la force de surgir ou d'exister ». Le bonheur c'est toujours plus car cet accroissement est vital et le rôle de l'*autorité,* c'est de promouvoir l'abondance, de faire advenir la prospérité par la qualité mystérieuse de sa parole magique et le prestige illusoire de son *auguste* personne.

Augere vient d'une racine indo-européenne *aug* qui a fourni le sanskrit *ugra* (« puissant », d'où « violent »), l'un des qualificatifs du dieu Shiva dans son aspect destructeur (Rudra). Mais dans sa version latine, cette racine a fourni des mots beaucoup plus positifs comme *auxiliaire* (celui qui renforce), *auteur* (celui qui a la force de créer), *août* (le mois des accroissements par les récoltes) sans oublier le val d'*Aoste* et la ville d'*Augsbourg,* deux références à l'empereur Auguste.

Les *bienheureux* jouissent de la béatitude : ils ont été béatifiés par l'Église. Dans le sermon sur la Montagne, Jésus multiplie les promesses aux bienheureux pauvres, pacifiques, au cœur pur, etc. En hébreu ou en araméen, cette béatitude est une bénédiction de Dieu, une baraka qui est à la fois faveur divine et chance pour l'homme, bon augure et bonheur.

Castration

Un *château* (anglais *castle,* espagnol *castillo,* italien *castello,* portugais *castelo*) est séparé du reste du monde comme un *châtré* est séparé du reste des hommes : par une coupure physique pratiquée dans le sol ou sur le sexe. On tranche pour retrancher, pour maintenir un fossé, tel est le sens de la racine indo-européenne *kastr* qui a fourni le sanskrit *shastra* (« instrument tranchant »), le nom latin *castrum* (« lieu fortifié », « retranchement ») et le verbe latin *castrare* (« couper », « émonder », « amputer »).

Cette racine fait partie des très nombreuses familles de mots témoignant des efforts de l'homme préhistorique et protohistorique pour progresser dans l'art de la découpe : du silex biface aux épées de fer, les nouveaux instruments tranchants ont eux-mêmes introduit des coupures dans les stades de la civilisation. Ils ont marqué l'évolution militaire et agricole de l'humanité : les lames affûtées taillent dans les chairs, les arbres ou les terres pour mieux tuer ou produire davantage. La castration est issue de l'élevage où l'on réduisait les taureaux en bœufs pour les rendre plus dociles. Et dans l'espèce humaine, les mâles furent transformés en *castrats* pour qu'ils ne puissent rivaliser avec les chefs de troupeaux qu'étaient les hommes de pouvoir*.

Castration

De la Perse à la Chine et de l'Égypte à Byzance, les eunuques (du grec *eunouchos*, « gardien de la couche ») servaient par milliers les souverains et les nobles, non seulement pour surveiller les harems mais aussi pour garder le trésor royal ou commander les troupes : sans descendance, l'eunuque ne pouvait ni « faire un enfant dans le dos » au monarque, ni susciter un rival au dauphin, ni transmettre à des enfants le produit de ses gains illicites. Réputé de caractère doux, il était peu enclin à déclencher une insurrection. Selon la formule du père Riquet, « destiné au service, l'eunuque fidèle, intelligent et dévoué, deviendra l'homme de confiance de son maître, souvent le conseiller, l'intendant ou le premier ministre des princes ». Ainsi des milliers d'eunuques servirent-ils, à Pékin, le Fils du Ciel jusqu'en 1911 et, à Istanbul, la Sublime Porte jusqu'en 1918.

Si, hormis les castrats de la chapelle Sixtine, les eunuques n'ont jamais joué un rôle important en Europe de l'Ouest, c'est en raison de l'interdit de la castration prononcé par le concile de Nicée (325 ap. J.-C.). Auparavant, cette mutilation était pratiquée dans la secte des valésiens ou par des ascètes scrupuleux comme Origène d'Alexandrie. Et les Éthiopiens considéraient comme leur vénérable évangélisateur un eunuque, ministre des finances de la reine d'Éthiopie baptisé par l'apôtre Philippe, pris en char-stop sur la route de Jérusalem (Actes des apôtres 8, 27).

En 1997, la police de San Diego (Californie)

trouva le corps de dix-huit hommes suicidés, membres de la secte de la Porte du paradis. Ils s'étaient depuis longtemps *châtrés*, appliquant à la lettre cette parole énigmatique de Jésus : « Il y en a qui se sont eux-mêmes rendus eunuques à cause du Royaume des cieux. Comprenne qui pourra » (Matthieu 19, 12). Ce verset demeure la base scripturaire du célibat ecclésiastique, présenté comme une castration symbolique permettant une plus grande fécondité spirituelle. Ce fut aussi un moyen radical pour supprimer le clergé héréditaire : les prêtres juifs du Temple de Jérusalem étaient mariés et les grands prêtres prenaient souvent plusieurs épouses.

Cette notion de castration symbolique fut reprise dans un tout autre sens, par Sigmund Freud. Le complexe de castration est le sentiment inconscient de menace à l'égard de son pénis qu'éprouve le jeune garçon en constatant l'absence de verge chez les filles : il craint que son père ne le châtre pour le punir de ses attouchements sexuels ou de ses désirs envers sa mère. Cette angoisse le pousse à abandonner les liens œdipiens qui furent à l'origine de la folie d'Attis, fils et amant de la déesse Cybèle : celle-ci l'empêcha de se marier et celui-ci se châtra avant de se suicider.

Quant à Kronos qui châtra son père Ouranos avant de s'unir à sa sœur Rhéa, il dévora tous ses enfants à l'exception de Zeus : à la crainte de la castration par le père se substituait la réalité d'une castration par le fils. La castration symbolique, punition fantasmée, est donc, selon Freud, une nécessité morale et sociale pour éviter l'inceste et permettre à chacun d'être *encastré* entre la génération qui le précède et celle qui le suit. L'enfant doit être bien châtié pour n'être pas châtré, quel que soit son sexe (la fille attribue son manque de pénis à une punition de la mère) mais cette distinction est trop subtile pour éviter les nombreuses confusions entre châtier et châtrer, deux verbes d'origine probablement différente (voir chasteté*).

Chasteté

La chasteté est-elle un *châtiment* ou une *carence* ? La répression des instincts ou la pénurie de plaisirs ? Les deux à la fois et si, selon Freud, la civilisation est un refoulement réussi, un être *chaste* (anglais *chaste*, espagnol, italien et portugais *casto*) doit faire barrage à ses pulsions et obstacle à son bien-être.

Cette insurmontable contradiction se retrouve dans l'histoire du mot chaste. Via le latin *castus*, il est issu d'une racine indo-européenne *cas* ou *chas* appartenant au vocabulaire religieux et désignant ce qui est conforme aux règles ou aux rites. Cette racine a fourni le mot sanskrit *shista* (« bien élevé »), *shisti* (« punition »), *shasaka* (« maître »), etc.

Dans une société de l'oral où tout s'apprenait par cœur et où le plus petit défaut de mémoire entraînait une perte de sens irrémédiable, le disciple était condamné à répéter les mots et à imiter les gestes de son maître. Aujourd'hui encore, en voyant les brahmanes recommencer les mêmes prières et les mêmes postures à la moindre faute, on comprend mieux comment les exercices religieux peuvent être, selon l'opinion de Freud, les actes obsessionnels par excellence.

En latin, il s'est sans doute produit une confusion entre *castus* (« conforme aux règles et aux rites ») et un autre adjectif, *castus*, dérivé du verbe *carere* (« manquer de », d'où le français carence). Mais ces deux termes ont peut-être une parenté commune, le manque renvoyant à un défaut ou à une défaillance, voire une non-conformité à la règle, auquel cas *castus* comporterait des significations contradictoires. On retrouve ici l'ambivalence du manque qui, dans la pensée lacanienne, est un vide structurant, une absence grosse de sens, une frustration pleine de désir.

Ce vide a progressivement rempli l'espace sémantique de *castus* qui a signifié « exempt de », « pur », « irréprochable ». Mais le verbe dérivé *castigare* (d'où vient le français *châtier*) a repris le sens originel, celui de rendre conforme à la règle et, donc, de rectifier. Le châtiment était originellement une correction (cf. une langue *châtiée*) plutôt qu'une pénitence, même si son aspect punitif a rapidement dominé. Quant à la chasteté, elle s'est tout aussi rapidement identifiée à la continence, celle des vestales romaines puis des religieux chrétiens.

En ce sens, l'être chaste n'engendre pas. On est ici à l'opposé de la *caste* hindoue définie à la fois par la naissance (on naît brahmane, on ne le devient pas) et par l'observation de règles de pureté. Caste vient du portugais *casta*, lui-même dérivé probablement du latin *castus* même si des rencontres avec d'autres racines ont pu se produire.

Quand le Bouddha voulut supprimer ou, du moins, dépasser les castes, il enjoignit la chasteté à ses moines, pour abolir le clergé héréditaire tout en luttant contre la naissance, première source de souffrance de l'être humain. Le désir suscite l'enfant à concevoir et la lignée à perpétuer, au détriment de la pureté morale et de l'égalité sociale. C'est d'ailleurs une règle quasi générale dans le bouddhisme et le christianisme : les saints n'ont pas d'enfants. Ils ne laissent ni héritiers ni héritage et, dans les deux religions, le vœu de chasteté est inséparable de celui de pauvreté.

Le contraire de chasteté, c'est l'*inceste*. Les Latins considéraient déjà que l'impureté essentielle *(incestum)* était la relation sexuelle entre proches parents. Mais le degré de parenté entraînant des relations *incestueuses* a beaucoup varié selon les civilisations. De plus, le christianisme a introduit la notion de parenté spirituelle et a longtemps interdit les mariages entre parrains et marraines comme entre ceux-ci et leurs filleuls. L'inceste, privé de sa dimension charnelle, devenait alors une non-observation de la règle (religieuse), conformément au sens premier de *castus*.

La question est alors de savoir avec qui l'on a le droit d'avoir des relations, sexuelles ou non. Un milieu fermé, une entreprise familiale, un recrutement par cooptation, engendrent des liens incestueux. Le fauteuil directorial, comme le lit conjugal, est l'objet du désir de plusieurs générations. Il en est de même de nombreux sièges de décision. S'il est interdit aux magistrats d'une même famille de juger les mêmes affaires, des couples de professeurs peuvent siéger dans les mêmes jurys. Est-ce ou non moral ?

Chaque société possède ses propres définitions des liens incestueux. En France, on peut aujourd'hui se marier avec son beau-frère ou sa belle-sœur après veuvage ou divorce mais cette pratique, issue de l'antique lévirat, était interdite avant 1994. La pureté absolue est un idéal stérile et chaste se dit en grec *katharos*, un mot qui servit à désigner une secte dont les parfaits disciples n'engendrent pas : les cathares.

Code

Quoi de commun entre le code de nos immeubles et celui d'Hammourabi ? Pour *décoder* cette énigme, il faut nous replonger dans l'histoire des techniques de l'information depuis les registres de comptes jusqu'à la carte à puce.

Le français et l'anglais *code,* l'allemand *Kod,* l'italien *codice,* l'espagnol et le portugais *codigo* ont une origine latine : en latin archaïque, le *codex* (ou *caudex*) était un tronc d'arbre. Dans une civilisation du bois, l'arbre a servi à former de nombreux termes : son cœur, *materia,* est à l'origine des mots « matière » et « mère* ». L'écorce ou, du moins, la partie externe du tronc, formait le *codex,* nom également donné à une barque creusée dans le bois.

Le codex devint aussi une tablette à écrire, sorte de planchette, puis un livre formé de cahiers reliés par une lamelle d'écorce. Plus pratique que les rouleaux ou *volumen* (d'où vient le mot français « volume ») qu'il fallait dérouler pour lire, le codex permettait de réunir de longs textes en un seul recueil. Les plus vieilles bibles du monde sont ainsi des codex portant le nom de leur lieu de conservation (Vaticanus, Sinaïticus, etc.).

Le codex se révéla l'outil idéal pour faire

tenir en un seul livre les collections de lois, ces codes dont le Bas-Empire romain fit grand usage (code de Justinien, de Théodose) avant que l'empire napoléonien ne modernise cette méthode (code civil, pénal, etc.). La logique cartésienne fit de la France la patrie de la *codification,* désormais étendue à tous les domaines du droit. Remplacer des textes épars par un code unique facilite la connaissance juridique et l'on continue à *codifier* les lois même si le CD-Rom se substitue souvent au support-papier. Mais il y a aussi de « faux » codes qui, comme le code administratif français, sont des recueils sans valeur juridique.

Les assyriologues du siècle dernier nommèrent codes tous les recueils de lois antiques, notamment mésopotamiens, souvent gravés sur une stèle, tel le code d'Hammourabi, dont un exemplaire se trouve au Louvre. Même si leur nature juridique exacte, jurisprudentielle ou législative, est difficile à déterminer, ils fournissent un bon exemple de ce que l'anthropologue anglais Jack Goody appelle la *Logique de l'écriture* (Armand Colin) et la *Raison graphique* (Éditions de Minuit) : par rapport à la mémoire infidèle de l'oral, l'écrit fixe l'information et la multiplie, accroît son sérieux et son volume. Si le conte est une fable, le code est une liste sûre. Elle est plus ou moins longue et, dans sa forme brève, forme un *codicille,* acte ajouté à un testament*.

Du droit écrit à la règle tacite, il n'y a pas

loin, comme le montre le code de l'honneur. Et le sens a glissé d'un recueil de conventions au signe conventionnel pour aboutir au code secret. La linguistique a appelé code les règles d'une langue tandis que les sciences exactes multipliaient les usages de ce terme. Et du code génétique au code de la route (qui prescrit les feux de croisement ou *codes*), notre vie est *codifiée* avec une rigueur géométrique que symbolise le code barre.

Codex a probablement eu des dérivés lointains plus bucoliques, notamment *coche,* dont on ne sait s'il s'agit d'un mot à triple sens ou de trois mots différents. Il y a la coche, une entaille (cf. encoche, décocher, etc.), le coche, une embarcation (cf. coche d'eau) et le coche, une voiture (cf. rater le coche, porte cochère, etc.). Mais dans aucun de ces trois cas, le lien étymologique avec code n'est prouvé même si la référence au bois semble évidente.

Code fait partie de ces noms dont le champ sémantique (les différents sens à une même époque) et le trajet thématique (l'évolution du sens dans le temps) sont devenus trop vastes et trop vagues pour être délimités.

Communion

La mise en commun des moyens de production s'appelle *communisme,* celle des moyens de rédemption se nomme communion (anglais *communion,* allemand *Kommunion,* italien *communione,* espagnol *comunión,* portugais *comunhâo*).

Le préfixe de ces mots est la préposition latine *cum* (avec) apparentée au grec *sun* (cf. *syndicat, synthèse,* etc.) et qui a fourni un grand nombre de mots français indiquant le fait d'être ensemble : *cénobite* (moine vivant en communauté), *compagnon, compagnie* et *copain* (à partir du latin *cum panis,* « pain mangé ensemble »), etc.

Communion vient donc de *cum munis,* ce dernier terme signifiant « qui accomplit sa charge ou son devoir ». En dérivent les mots français *immunité* (exemption de charges), *municipalité* (le lieu où s'exercent des charges), *rémunération* (récompense de la charge), etc. Des mots tels que communion, *communauté, commune,* etc., comportaient initialement l'idée d'un exercice collectif de fonctions diverses. Mais ces charges étaient moins des contraintes que des échanges : toute responsabilité est à la fois pouvoir et service, exercice d'un droit et accomplissement d'un devoir.

Munis est d'ailleurs issu d'une racine indo-européenne *mei* exprimant l'échange ou le changement. On la retrouve dans des verbes français comme *muer, muter, remuer, emprunter* ou *migrer*. Tous ces termes impliquent une idée de mouvement, de circulation d'hommes ou d'objets. *Munis* a d'ailleurs le double sens de charge et de présent : le magistrat romain devait offrir, en échange de ses honneurs, des présents au peuple (« du pain et des jeux »). Rien n'est gratuit, tout se *rémunère* et rien n'est immobile, tout circule entre membres d'une même communauté qui ne sont pas des individus juxtaposés et forment un groupe ayant sa vie propre. De même, toute communion implique un dépassement des personnes à laquelle l'Église chrétienne donna une importance extrême : puisqu'elle refusait les dieux tutélaires des cités antiques, il lui fallait remplacer les liens de la citoyenneté par ceux de la communion.

Le « repas du Seigneur » (le banquet eucharistique) faisait suite aux repas sacrés des religions à mystères telles que le culte d'Attis ou celui de Mithra : ou y mangeait une chair assimilée à celle du Dieu (les « viandes consacrées aux idoles » dont parlent les Actes des apôtres). Les chrétiens firent de même avec le pain et le vin de l'eucharistie mais ils distinguèrent progressivement ce festin symbolique des dîners charitables, les « agapes », sortes de soupes populaires ou de restos du cœur où l'on conviait les pauvres de la ville.

Car les premières communautés chrétiennes

« étaient assidues à la communion fraternelle... rompaient le pain à domicile, prenant leur nourriture dans l'allégresse et la simplicité du cœur... mettaient tout en *commun*, vendaient leurs propriétés et leurs biens pour en partager le prix entre tous, selon les besoins de chacun » (Actes des apôtres 2, 44-46). La secte juive des esséniens, probablement celle de Qumrân, connaissait aussi la mise en commun des bien ainsi que les repas *communautaires* à caractère plus ou moins sacré.

Donner à chacun selon ses besoins, c'était aussi le programme du communisme. Dans cette convivialité charitable, il y avait une anticipation du socialisme utopique voire du *Manifeste des Égaux* de Babeuf. De la pauvreté radicale des vaudois et des cathares à l'idéal égalitaire des préhussites (précurseurs de la Réforme en Bohême) et des anabaptistes (dont les amish sont les derniers descendants), il y a une longue tradition de communisme évangélique. Elle s'est encore illustrée, en Amérique latine, dans les communautés de base de la théologie de la libération où le messianisme chrétien et son homologue marxiste ont cherché un (difficile) terrain d'entente.

Mais dans nos sociétés occidentales où règnent le libéralisme « avancé » et les technologies de pointe, le débat s'est plutôt focalisé sur les liens entre communion et *communication*, deux mots qui étaient utilisés en des sens proches dans l'Antiquité païenne comme dans le christianisme primitif. La communication y était alors conçue comme une mise en commun d'intérêts autant que comme un échange de propos. L'explosion des *télécommunications* pose le problème à l'échelle mondiale : peut-on *communiquer* tout azimuts sans *communier* aux mêmes valeurs ni partager les mêmes richesses ? Les interrogations nées voici deux mille ans autour d'une table eucharistique se renouvellent devant les consoles d'ordinateur.

Compassion

Qu'est-ce que la *passion* ? C'est un problème de grammaire et de médecine. *Compatir* (anglais *sympathize*, espagnol *compadecer*, italien *compatire*) est une démarche complexe.

Dans les langues indo-européennes, le passif n'est apparu qu'assez tardivement. En grec archaïque, n'existaient que deux voix : l'actif et le moyen, celui-ci étant une sorte de réfléchi où le sujet est l'objet de son action. On pouvait dire : « je lave » (quelque chose), « je me lave » mais pas « je suis lavé » (par quelqu'un d'autre).

Le fait de recevoir une impression ou une sensation (bonne ou mauvaise), de subir un traitement (salutaire ou inutile) était inexprimable : l'homme ne peut se résoudre à être le spectateur de son histoire sans y participer. Il craint d'être le jouet de l'autre, la victime de son plaisir : le sadique semble actif et le masochiste passif.

Le verbe latin *pati* (de forme déponente, équivalent du moyen grec), d'où vient le vocabulaire de la passion (*passif, patient, compassion, impassible,* etc.), indique donc l'idée de supporter, de souffrir. S'il s'agit de jouir *passivement,* pour un homosexuel, le latin préfère utiliser le verbe grec correspondant *paschein,* bien utile pour exprimer l'« amour grec ».

Si le lien étymologique entre *pati* et *paschein* n'est pas prouvé, leurs sens ont fini par se confondre. Et si, à l'origine, *paschein* pouvait exprimer un sentiment ou un état positif, il a fini par être employé uniquement dans un sens négatif et a fourni de nombreux dérivés au vocabulaire de la *pathologie.* Ce qui est subi ne peut être que mauvais et c'est en partant de cette grammaire médicale que les thérapeutes cherchent à associer les malades à leur traitement pour que les patients soient les agents de leur mieux-être.

Quand la Passion prend une majuscule, elle fait du Christ un homme qui subit sa mort. Y est-il entré librement (comme le professent la majorité des théologiens) ou y a-t-il été poussé par une force supérieure ? La seconde solution est celle du monothélisme qu'adoptèrent, au VIIe siècle, les chrétiens maronites du Liban (ils renièrent ultérieurement cette doctrine) : Jésus n'aurait eu qu'une seule volonté (divine) et, en tant qu'homme, n'aurait pas consenti à sa crucifixion.

Derrière cette querelle byzantine se cache un problème essentiel : sommes-nous maîtres de notre destin ou esclaves de nos passions ? Entrons-nous librement dans notre histoire, fût-elle conclue par un martyre, ou sommes-nous les victimes d'idéaux chimériques masquant un goût secret pour le malheur ? Tel est l'un des objets d'étude d'une science nouvelle, la victimologie.

En ajoutant le préfixe latin *cum* ou son équivalent grec *sun*, on obtient les mots de compassion ou de *sympathie*. Ces termes désignent une communauté de sentiments ou une affinité entre certains corps (cf. encre *sympathique*). Ce dernier sens, présent dans le vocabulaire d'Épicure ou dans celui des stoïciens, fait de la sympathie un éprouvé positif, une attirance naturelle. Via le latin chrétien *compassio*, la compassion désigne plutôt une souffrance commune ou une pitié (voir le mot piété*) pour la souffrance d'autrui.

L'anglais *compassion* a traduit le sanskrit *karunâ* (ou *kârunya*) qui désigne, dans les religions issues de l'Inde, la sympathie active à l'égard d'un être vivant (humain ou animal voire végétal) et souffrant. En anglais, *sympathy* signifie d'ailleurs compassion. Les Indiens rapprochent souvent *kârunya* de *Kâru*, substantif nommant celui qui agit et travaille, l'ouvrier, l'artisan ou l'artiste (comme, en grec, le poète est celui qui « fait »).

Cette compassion bouddhique ressemble beaucoup à la charité chrétienne qui se veut, elle aussi, active. Née de la pitié, elle engendre l'action, le salut par les œuvres pour le saint (*arhat*) *compatis-*

sant ou le salut par la grâce quand cette compassion est le fait des bodhisattvas intercédant pour les humains en quête d'une meilleure renaissance.

De tous ces êtres sur la voie de l'Éveil, le plus compatissant est Avalokiteshvara, bodhisattva très vénéré du Grand Véhicule bouddhiste. Sous le nom de Guanyin en Chine et de Kannon au Japon, il prend même des traits féminins pour exprimer sa tendresse et ressemble à une Vierge de miséricorde. Au Tibet, il s'incarne dans le dalaï-lama dont la popularité est grande en notre monde en quête de sens.

Corruption

Il est parfois plus difficile et plus coûteux de détruire que de construire. Cette vérité, bien connue des entrepreneurs en démolition, surtout dans les chantiers urbains, a une explication. Si la construction est un assemblage d'éléments épars, la destruction est l'éparpillement d'une matière agglomérée. Mais que la tâche est risquée ! Les auteurs de massacres à la tronçonneuse se font souvent arrêter lors de ces opérations de débitage.

Plutôt que de *rompre* les os aux cadavres

encombrants, il est plus simple de les laisser se décomposer au fond d'un trou, la corruption de la chair étant un service gratuit de la nature. De même, après les tempêtes de décembre 1999, au lieu de découper des bûches en rondelles, on a dû laisser des troncs sur place. Qu'il s'agisse de bois putrescible ou de chair *corrompue*, la lente dissolution du vivant agrégé constitue la méthode reposante d'une mort économique.

Corrompre vient du latin *corrumpere* (« détruire »), issu de *rumpere* (« briser »). Le préfixe *cum* ajoute une idée de cohésion des éléments détruits à un verbe qui exprime plutôt un arrachement ou un éclatement. Issu d'une racine indo-européenne aux formes assez diverses, *rumpere* a fourni de nombreux composés passés en français : *abrupt, interruption, rupture, rupestre* (paroi de rocher coupant le paysage), *route* (voie frayée dans l'espace et composée de pavés brisés), *routard, routine* (le fait de suivre la même route), etc.

La corruption (anglais *corruption,* allemand *Korruption,* espagnol *corrupción,* italien *corruzione,* portugais *corrupçao*) est donc une destruction ou, plus modestement, une dégradation physique ou morale. L'image du cadavre est prévalente et l'on parle souvent d'un « régime pourri » comme d'un mort en sursis, l'institution étant si profondément altérée que son fonctionnement durable semble impossible.

De fait, les régimes corrompus font rarement de vieux os et les produits de la corruption alimentent des comptes en Suisse ou à Monaco, pays où les dirigeants déchus viendront s'exiler. C'est rassurant pour la morale : toute corruption a une fin, par rupture des contrats ou *éruption* populaire. La liste des pays les plus corrompus du monde, dressée par l'O.N.G. Transparency International, connaît donc d'importantes variations annuelles.

La corruption est-elle toujours un mal ? Il existe des pourritures nobles qui donnent de grands vins et des pourritures salutaires qui font des médicaments. Qu'il s'agisse de pénicilline ou de flore intestinale, les organismes humains ont besoin de ces altérations du vivant. Les défenseurs de la corruption disent d'ailleurs qu'elle est nécessaire à la vie économique et que l'extrême pureté n'engendre que l'existence figée des milieux stériles.

Faut-il donc tolérer une dose de corruption ou la traquer dans ses moindres manifestations ? La réponse n'est pas simple et il est parfois difficile de distinguer le pourboire du pot-de-vin. Saint Paul compare la corruption de la chair au péché et l'*incorruptibilité* à l'immortalité : l'homme est moralement pourri et physiquement mortel et l'attrait de la vie éternelle doit le rendre inébranlable dans le bien. Mais nous savons que les dictateurs les plus corrompus donnent généreusement aux institutions religieuses et font bâtir des cathédrales pour le salut de leur âme : la mafia moscovite a largement financé l'immense église du Saint-Sauveur et la fortune douteuse d'Houphouët-Boigny a permis de construire la gigantesque basilique de Yamoussoukro.

Ceux qui ont échappé toute leur vie au châtiment des hommes ne craignent pas le Jugement dernier. C'est donc à la justice humaine de lutter contre la corruption sous ses formes les plus graves en ne se faisant pas trop d'illusions sur les tribunaux d'un autre monde. L'évangile de Luc (16, 9) avait déjà absous les malversations : « Faites-vous des amis avec l'argent trompeur. » Le bon docteur du Nouveau Testament, grand connaisseur de l'âme humaine, donnait en modèle un « gérant habile » qui truquait les comptes de son maître et promettait le Paradis aux corrompus.

Couple

Un couple (anglais *couple,* italien *coppia*) est une force, nous dit la physique : et même un ensemble de deux forces d'égale intensité et de sens contraire. Un équilibre dans la puissance, une symétrie dans le dynamisme, tel est ce couple moteur qui arrache les êtres et les choses à la pesanteur de l'immobile et perpétue le mouvement par la force d'inertie.

Dans la physique humaine, ce couple est masculin, féminin, de sexe opposé mais d'égale attirance, selon l'heureuse formule de La Fontaine : « L'un bien fait, l'autre belle, agréables tous deux. » Depuis Freud et ses enseignements sur la bisexualité originelle, on sait qu'il y a aussi du féminin dans l'homme, du masculin dans la femme et que le couple est la résultante d'éléments complexes, tantôt enrobés, tantôt mis à nu. Chacun y fait entendre sa propre partition avant de parler d'une voix unie qui porte plus loin comme l'*accouplement* des claviers d'orgue offre une meilleure résonance.

En vieux français comme en latin *(copula)*, « couple » était un mot féminin. La couple de bœufs désignait le lien attachant deux animaux. On parle encore du joug du mariage en ce sens que tout engagement durable, aussi fécond soit-il, peut être perçu comme une entrave. La chaîne du baptême, l'anneau des jeunes mariés témoignent par leur dureté métallique de ces vœux indestructibles : pour prévenir les escapades, le couple se met aux fers dans une prison d'amour. Il n'est pas facile de distinguer le couple de la paire : une paire d'amis peuvent être aussi dissemblables que Laurel et Hardy, un couple d'enseignants peut s'atteler à la même tâche et la différence biologique n'empêche pas la ressemblance des caractères. Dans notre société où la mixité est de règle, hommes et femmes se côtoient et se mélangent non sans problèmes. Dans l'armée américaine où soldats et soldates partagent tout, jusqu'aux dortoirs et aux douches, on ne sait jamais trop s'ils s'entraînent ou se courtisent.

Le couple est l'ennemi du groupe : l'un cherche la fusion et l'autre l'amalgame. On ne peut à la fois se donner la main et se mettre en rangs : le couple se veut fidèle au chiffre deux. Le couple est à la fois un duo et un duel : un duel de pulsions érotiques ou de joutes amoureuses mais aussi un duel au sens grammatical du terme, celui du nombre intermédiaire entre le singulier et le pluriel. Le duel, issu des civilisations agraires et de l'anatomie animale, désigne alors tout ce qui va par deux dans le corps de la bête ou de l'homme : les yeux, les mains, les jambes et tout ce que la nature ou la providence ont fait en double pour mieux servir. Ainsi va le couple entre duo et duel, chacun disant de l'autre comme Hermione de Pyrrhus : « Ah ! Je l'ai trop aimé pour ne le point haïr » (*Andromaque,* acte II, scène 1).

De cette ambiguïté du couple peut naître son dynamisme, illustrant la définition de l'amour par Saint-Exupéry : « Aimer, c'est regarder ensemble dans la même direction. » Car, via le latin *copula,* couple est issu d'une racine indo-européenne *ap* signifiant tantôt atteindre, tantôt attacher : la mise en contact est issue d'un mouvement, la jonction est précédée d'une mise en route.

Dérivent de cette racine les mots français *apte* (capable parce que cohérent, bien lié en ses différentes parties), *inapte* et *inepte, aptitude, adaptation, adepte* (celui qui atteint le but des initiés). Le préfixe latin *cum* de *copula* (*co-apula*) ne fait que renforcer l'idée d'accompagnement dans le temps et dans l'espace. Jusqu'où peut aller un couple dans la vie et combien de temps peut-il durer, telle est la double énigme de la vie commune où les croyants voient un mystère et les mécréants un désir. De ce couple qui tient tout seul, sans les secours de la religion ni les béquilles du droit, Georges Brassens a donné une belle illustration : « J'ai l'honneur de ne pas te demander ta main, ne gravons pas nos noms au bas d'un parchemin. »

Croire

Croire vient du verbe latin *credo* signifiant « je donne *(do)* ma confiance » *(cred)*. Ce dernier terme est issu d'une racine indo-européenne *Kret* qui désigne une force magique suscitant une espérance justifiée : ce que le *croyant* donne est payé de retour, au-delà même du temps humain et des attentes raisonnables. On retrouve ce verbe dans l'espagnol *créer*, l'italien *credere* et le portugais *crer*.

Croire à l'*incroyable* est au cœur de la démarche religieuse qui nie le malheur inéluctable et la mort certaine. La divinité est alors à la fois une assurance-dommage pour prévenir ou réparer les accidents par une faveur spéciale et une assurance-vie au sens le plus élevé du terme, celui qui garantit la pérennité de l'existence. La racine *Kret* a fourni le sanskrit *shrâddha* qui désigne la foi et les rites brahmaniques l'accompagnant, notamment ceux destinés à aider les âmes des défunts pour qu'elles se libèrent des liens du corps et parviennent à une bonne réincarnation. Des offrandes sont faites aux dieux dont la puissance spirituelle permet aux morts de revivre.

Le *Credo* des chrétiens ne dit pas autre chose quand il affirme : « Je *crois* à la résurrection de la chair et à la vie éternelle ». On prête foi à ces paroles contre la promesse d'une nouvelle existence. Les *incroyants* y voient de la *crédulité* alors que le croyant y perçoit un échange équilibré, un pari raisonnable selon Pascal : « Il y a une infinité de vies infiniment heureuses à gagner contre un nombre fini de hasards de perte » (*Pensées*, 418). Croire, c'est donc risquer un peu de sacrifice contre beaucoup de béatitude.

Qu'il y ait une part d'intérêt dans la croyance n'a rien d'étonnant dans la mesure où l'acte de croire est tout autant profane que religieux et s'est investi, depuis le droit romain, dans le domaine des obligations. *Créance* et *croyance* ne formaient qu'un seul mot en bas latin *(credentia)* et le premier sens du verbe *credere* était « confier en prêt ». Le *Credo* et le *crédit* relèvent d'une même confiance entre débiteur et *créancier*.

La prière du Notre-Père reprend cette comparaison économique : « Remets-nous nos dettes comme nous les avons remises à ceux qui nous devaient » (Matthieu 6, 13). Dieu est le futur créancier indulgent de l'homme (lors du Jugement dernier) mais il est aussi son débiteur présent en ce qu'il doit le « délivrer du tentateur » dès ici-bas.

La croyance et le crédit supposent une préférence pour l'avenir : on prête à Dieu une part de sa vie actuelle et à un emprunteur une part de son argent du moment, dans l'espoir d'un gain futur. Le taux d'intérêt est même particulièrement avantageux à en croire l'Évangile puisque la mise sera « rendue au centuple » dans le monde à venir. La foi serait donc un investissement rentable, justifiant des privations telles que l'aumône, la dîme (dans le judaïsme ou le christianisme du Moyen Âge) ou la zâkat (chez les musulmans). Ces quêtes ou impôts ecclésiastiques furent d'ailleurs les ancêtres de nos prélèvements obligatoires. Mais nombre de fidèles n'ont plus guère de certitudes quant à la récompense dans l'autre monde et n'espèrent plus que leurs ossements desséchés puissent se recouvrir de chair et se réanimer selon l'image du prophète Ezéchiel (chapitre 37). Ont-ils pour autant cessé de croire ? Ce n'est pas sûr. Pour Pascal, le pari de croire ne faisait perdre que des « plaisirs empestés » et permettait à chacun d'y gagner « en cette vie » en devenant « fidèle, honnête, humble, reconnaissant, bienfaisant, ami sincère, véritable » (*Pensées*, 418).

Beaucoup de nos contemporains rejettent cette morale janséniste tout en constatant que croire peut rendre heureux en cette « vallée de larmes » de notre monde. Si tant de parents, même non-pratiquants, souhaitent une éducation religieuse pour leurs enfants, c'est qu'ils lui attribuent des bienfaits pour la vie adulte. Et s'ils ne souscrivent pas à tous les articles du *Credo*, ils se gardent bien de jeter le *discrédit* sur la foi.

Culture

Entre le *cultuel*, le *cultural* et le *culturel*, il y a une origine circulaire commune. Qu'il s'agisse d'entretenir l'autel d'un dieu, de labourer la terre d'un paysan ou de cultiver le champ du savoir, il faut faire le tour de la question, en circulant avec l'encensoir, la charrue ou des idées. Telle est l'origine de la culture (anglais *culture*, allemand *Kultur*, espagnol, italien et portugais *cultura*).

Au départ, il y a la racine indo-européenne *kwel*. On la retrouve dans le sanskrit *chakra* désignant une roue ou un disque, notamment la roue de la loi (Dharma bouddhique) ou la ronde des existences humaines dirigée par le souverain *(chakravartin)*. Et les six chakras sont, en yoga, les zones circulaires du corps humain qui, de l'anus au « troisième œil », transmettent l'énergie à l'esprit.

Cette pensée circulaire de la philosophie indienne n'est pas un cercle vicieux, une répétition fataliste comme on l'a cru en Occident : c'est la postérité féconde de la roue, l'une des plus grandes inventions de l'histoire indo-européenne qui a fourni le char des guerriers et des marchands. C'est aussi un moyen de progression spirituelle illustrée par la circumbulation des bouddhistes autour des stûpas. C'est un symbole de dynamisme, comme le *cycle* d'études qui fait progresser l'élève ou la *bicyclette* qui l'amène à l'école.

Cycle vient lui-même du grec *kuklos*, issu de la racine *kwel* et désignant toute forme ronde. Il a fourni l'anglais *wheel* (« roue ») et le français *bucolique* (« qui circule avec les bœufs »). De la même racine, le verbe *polein* a donné des mots français comme *pôle* et *poulie*.

En latin, *colere* signifie « se mouvoir habilement » : l'*agriculteur* est à la fois celui qui circule constamment entre sa maison et ses champs et celui qui est rivé à la terre *accolée* à son domicile. Il est cultivateur chez lui ou fonde une *colonie* à l'étranger (d'où le nom de la ville de *Cologne, Köln* en allemand).

De la racine *kwel* viennent aussi les mots *quenouille* (long bâton qui tourne) et *cou* (dont la forme est circulaire. Dérivent de ce dernier *collier, accolade, encolure, décoller, torticolis,* etc.

De cette multitude de sens, il faut d'abord retenir la proximité de la culture et de *l'agriculture.* Si les palmes académiques nous semblent aujourd'hui bien loin du mérite *agricole,* la révolution néolithique a étroitement lié la culture du sol à celle de l'esprit : l'écriture, la comptabilité et l'urbanisation furent les conséquences d'un développement agronomique et démographique passant par le stockage des céréales et l'agglomération des paysans et artisans.

L'interaction du culturel et du cultuel passe aussi par la médiation du cultural. Qu'il s'agisse des divinités du riz au Japon ou du blé en Europe (*Cérès,* mère des céréales), la culture et l'élevage ont exigé une exaltation des pluies fécondantes et de la terre fertile. Chaque type de société et de religion est donc lié à un espace agricole : civilisations précolombiennes dans le Mexique du maïs et du haricot, proche-orientales dans le Croissant fertile du blé et de l'orge, chinoise dans les bassins rizicoles du fleuve Jaune et du fleuve Bleu, etc.

Le christianisme est la religion du pain et du vin de Palestine et, malgré la demande de certains théologiens asiatiques, on n'a jamais pu célébrer la messe avec du riz et du thé. Cet enracinement du christianisme dans les terres à froment a culminé avec Péguy célébrant les « océans de blé » de « Notre-Dame la Beauce ».

Mais la mondialisation de la culture a bouleversé les paysages intellectuels et spirituels. Le premier pays musulman du monde, l'Indonésie, bat des records de pluviosité alors que l'islam est né dans le désert d'Arabie. Et les sociétés urbaines se veulent les plus *cultivées* alors qu'on n'y fait pas pousser un seul poireau. Les paysans seraient-ils donc *incultes* ?

En dépit de la faim dans le monde, on s'intéresse moins aujourd'hui à la productivité des sols qu'à leur conservation. L'enjeu écologique du village planétaire est celui d'une nature plus préservée qu'exploitée. On protège la couche d'humus comme la couche d'ozone et l'on redoute assez les méfaits de l'agriculture intensive pour redécouvrir les vertus de l'année de jachère imposée par la loi biblique.

Les parcs nationaux sont appelés sanctuaires de la nature et les ours des Pyrénées ou les tigres du Bengale deviennent des animaux quasi divins dont la destruction est sacrilège. Les Chinois infligent la peine de mort aux chasseurs de pandas géants et les palombes du Bordelais sont protégées comme les oies du Capitole. Ainsi a-t-on remplacé la bénédiction des récoltes par le *culte* de la nature.

Démocratie

Pour désigner le peuple, le français, comme l'ensemble des langues latines, n'a qu'un mot là où le grec en avait trois : *laos* ou le peuple en tant que masse d'hommes (voir laïcité*), *éthnos* ou le peuple formé de personnes de même origine ou de condition commune (voir ethnie*), *dèmos* ou le peuple habitant un territoire précis.

La démocratie (anglais *democracy,* allemand *Demokratie,* espagnol et portugais *democracia,* italien *democrazia*) est la force *(kratos)* du peuple. Reste à savoir d'où vient la force et ce qu'est un peuple.

Kratos n'était pas uniquement la force du corps ni celle de l'âme. Cette notion se situait à la jointure de ces deux qualités et désignait la supériorité de l'homme, qu'elle se manifeste dans les combats sanglants de la guerre ou dans les joutes oratoires de l'assemblée. L'ascendant psychosomatique qui donne la victoire exige d'être dur avec soi-même comme avec les autres. Car il s'agit d'une ténacité autant morale que physique : *Kratos* est issu d'une racine indo-européenne *krets* que l'on retrouve dans deux mots anglais : *hard* (« dur », cf. allemand *hart*) et *craft* (« habileté », « artisanat »). La domination naît d'une volonté de puissance et d'un usage des moyens qui relèvent plus de la ruse cultivée que de la violence aveugle, du savoir-faire entretenu que des forces gaspillées.

La notion de dureté est donc très subjective et n'exclut pas une mollesse redoutable. On en a un bon exemple avec un autre dérivé de *krets*, le substantif grec *karkinos* (crabe) qui, via le latin, a fourni les mots français *chancre* et *cancer*. Or, il existe des chancres mous (affections vénériennes) et les métastases osseuses ont pour effet de ramollir les os. Amollir le courage, affaiblir la cohésion, annihiler la puissance de l'organisme adverse, voilà quelques recettes du combat électoral, temps fort de la démocratie.

Pour détruire l'autre et rester intact, il faut se comporter comme les blindages modernes qui sont de deux types : réactifs ou absorbants. Les premiers, grâce à un produit détonnant disposé en surface, font exploser le projectile avant qu'il n'atteigne le cœur de sa cible et les seconds, composés d'un entrelacs de couches métalliques, amortissent le choc comme un butoir devant une locomotive.

Si le peuple n'était qu'une foule agglomérée, la démocratie serait un totalitarisme géré par quelque dictateur fasciste ou marxiste en fonction du constat de Georges Marchais : « Les masses font ce qu'on leur dit de faire. » Le *démagogue* est ainsi celui qui « conduit le peuple » en lui tenant le discours qu'il désire entendre et en le menant comme un troupeau indistinct, la clameur uniforme étouffant les voix dissonantes.

Il s'agit là d'une perversion de la démocratie car le *dèmos* grec ou *dème* était une circonscription territoriale à laquelle chaque citoyen était rattaché. Son ancêtre mycénien, le *damo,* était une entité administrative locale à vocation agricole. Ce découpage cadastral fixait chaque homme sur une terre et nos listes électorales actuelles, du moins lorsqu'elles ne sont pas manipulées, reprennent ce principe du citoyen localisé. La peur des nomades exprime cette crainte de voir des individus échapper au contrôle administratif qui relie la vie *démocratique* à un espace géographique.

Dèmos est issu d'une racine indo-européenne *dai* indiquant le fait de partager. En sont dérivés, notamment, les mots français *démon* (puissance qui répartit les destinées) et *géodésie* (science du « partage » de la terre, de sa mesure). Dans la Grèce antique, partage était synonyme de repas *(dais)* car on y donne une part à chacun. L'« Incroyable pique-nique » du 14 juillet 2000, où tous les Français ont partagé un casse-croûte sur une nappe tricolore, a renoué avec cette lointaine origine : on découpe les parts d'un gâteau comme les quartiers d'une commune ou les sièges d'une assemblée (le « camembert » sur un graphique). Dans la démocratie, chacun doit avoir sa part sans mordre celle des autres.

Député

« Tout mandat impératif est nul », affirme la Constitution française (article 27) : un député (espagnol *diputado,* italien *deputato,* portugais *deputado*) doit voter conformément à sa conscience et non sous la pression des électeurs.

L'histoire des mots est moins catégorique. En vieux français comme en latin *(deputare),* députer quelqu'un, c'était assigner une tâche à un délégué qui, à partir du XVIIIe siècle, s'est émancipé de ses mandants pour exercer en toute liberté son mandat au risque de s'éloigner de ses électeurs.

Cet envoyé tirait son nom latin *(deputatus)* d'une racine plus arboricole que parlementaire, car le verbe *putare* possédait le double sens (correspondant peut-être à deux anciennes racines distinctes) de nettoyer et d'élaguer. Habitués aux travaux de la campagne, les Latins donnèrent des applications intellectuelles à ce terme rural et firent des fruits de la pensée une œuvre de jardinage : nettoyer un terrain ou apurer un compte, émonder un arbre ou tailler dans les arguments relève d'un même processus de tri entre ce qui reste et ce qui tombe.

Les composés de *putare* sont donc fort nombreux : *amputer* (tailler autour), *compter* et *conter* (mettre ensemble des nombres ou des faits), *imputer* (porter en *compte*), *supputer* (évaluer), *réputer* (examiner avec soin), *disputer* (mettre au net après discussion), etc. Comme on sépare le bon grain de l'ivraie, on distingue les arguments valables des autres avec une certaine part d'incertitude (*putatif* signifie « supposé ») que réduit l'expérience du penseur comme le coup d'œil du jardinier.

Le plus grand réducteur d'incertitude est sans doute l'objet majeur de notre époque, l'ordinateur, en anglais le *computer* : ce nom est formé sur le latin *computare* (calculer) qui a donné le français *comput*, ensemble d'opérations servant à établir la date des fêtes mobiles de l'Église, elles-mêmes fixées d'après le calendrier lunaire.

Nos députés ne fixent plus d'après les astres les dates de leurs sessions mais l'anglais les confronte à une nouvelle difficulté lexicale. Dans la patrie du parlementarisme, le *député* (*member of Parliament*) n'est pas un *deputy* : ce terme désigne un substitut ou un suppléant, vice-président *(deputy chairman)*, sous-gouverneur *(deputy governor)* ou maire adjoint *(deputy mayor)*. Le *deputy* a délégation de pouvoir et non plénitude d'autorité. Car tout système représentatif doit résoudre une même contradiction : comment un député peut-il être libre de ses actes et répondre de son mandat ?

Diable

Les antidieux sont aussi nécessaires aux dieux que les anticorps à la santé ou l'antimatière à la physique. Les dieux ont donc toujours eu des adversaires, en hébreu des « Satan », chargés de maintenir un certain équilibre dans l'ordre céleste et d'éviter la toute-puissance des forces du bien : la vertu sans le vice est, comme le pouvoir sans contre-pouvoir, une dictature insupportable.

Dans l'Inde védique (Ier millénaire avant J.-C.), ces antidieux s'appelaient des *asura*. Leur nom signifiait primitivement « divin » (du sanskrit *asu*, « souffle vital ») mais une manipulation étymologique inversa leur sens, le *a* étant considéré comme le préfixe négatif accouplé à *sura* signifiant « brillant » ou « dieu ».

Vivant dans des forteresses volantes en fer, ces antidieux faisaient la guerre aux dieux et s'opposèrent à eux lors du barattage de la mer de lait, le mythe indien d'où naît l'immortalité. En physique, le couple, d'où vient la puissance, est un ensemble de deux forces égales de sens contraires. En métaphysique, le couple de dieux et d'antidieux indiens produit l'éternité par le même antagonisme et, en biologie, le couple humain transmet aussi la vie grâce à ses sexes opposés.

Mais les Iraniens, dont la religion était étroitement apparentée au védisme, continuèrent à prendre les *asura* ou *ahura* pour des dieux. Lors de la réforme monothéiste de Zarathoustra, ils nommèrent donc l'Esprit suprême Ahura Mazda (les piles Mazda ont repris le nom de cet Esprit lumineux). Au contraire, les dieux indiens *(deva)* devinrent des antidieux *(daeva)*. Deux millénaires plus tard, Nietzsche renouera avec ces inversions lorsqu'il fera (bien à tort) de Zarathoustra un Antéchrist. Entre-temps, le christianisme primitif avait aussi pratiqué ces virages à cent quatre-vingts degrés qu'on nomme, en ski, des conversions : Lucifer (voir lumière*), le « porte-lumière » (ce titre dénote l'influence du dualisme iranien entre ténèbres et lumière), fut tour à tour le Christ (II Pierre 1, 19) et le diable, et ce prénom était couramment donné à de jeunes baptisés.

Le démon subit le même tête-à-queue. En grec, les *daimôn* étaient des divinités, notamment celles fixant le destin, souvent malheureux, des hommes. Ils devinrent donc des mauvais génies et le judaïsme tardif puis le christianisme en firent des puissances démoniaques, les anges du diable, un mot que l'on retrouve dans la plupart des langues européennes : espagnol *diablo*, italien *diavolo*, portugais *diabo*, anglais *devil*, allemand *Teufel*.

Celui-ci était, pour la Bible en grec (Septante), l'esprit qui sème la division *(diabolè)* et l'inimitié par l'accusation (fondée) ou la calomnie, sorte de justicier qui crée le scandale par la médisance.

Cet être aigri, ange déchu, « corbeau » insatiable, est le prototype de la « presse de caniveau », celui qui vient se « jeter en travers » *(diaballein)*. Le diable diviseur était l'inverse du *symbole (sumballein)*, signe de reconnaissance à la vue duquel on se réunit (voir symbole*).

Jésus s'est montré diabolique en affirmant qu'il n'était pas venu mettre la paix sur terre mais la division (Luc 12, 51). Tout schisme ou divorce, toute dissidence ou sécession nous rappelle que pour réorganiser un groupe ou récompenser une famille, il faut réunir et diviser. Depuis le premier chapitre de la Genèse où Dieu « sépara les cieux des eaux » avant d'en « amasser » certaines pour former le continent, nous savons qu'une création peut être à la fois séparation et regroupement.

Il y a donc du *diabolique* dans le divin, de la saine division, de la bonne médisance, de la juste accusation. Accorder une place limitée aux forces du mal qui pourraient faire du bien, tel est l'objectif des « adorateurs du diable » ou Yazidis, pacifiques Kurdes irakiens. Ils vénèrent le « roi paon », cet orgueilleux Esprit du Mal au nom imprononçable qui apporte le malheur à l'humanité mais pourra un jour la combler de bienfaits quand le « prince de ce monde » aura retrouvé son rang royal.

En attendant, il faut donner un peu d'espace aux pulsions pour éviter le retour du refoulé, cette expression brutale des sentiments étouffés ou ce passage à l'acte des humains inhibés. Tel est le bon exemple de cet enfant espiègle et généreux que la comtesse de Ségur appelait « un bon petit diable ».

Dieu

La vie nous tombe d'un ciel pluvieux ou brillant : la pluie féconde la terre et les plantes mûrissent au soleil. Quand les averses viennent tourmenter les démons de la sécheresse, le nom de la puissance bienfaisante est apparenté à un liquide (Ouranos et urine). Quand les nuages laissent passer le rayon lumineux, le nom de l'être céleste évoque le rayonnement. Dieu (espagnol *Dios,* italien *Dio,* portugais *Deus*) vient, via le latin *deus,* de la racine indo-européenne *dei* désignant tout ce qui brille.

Cette racine a fourni le sanskrit *deva* (dieu) et l'iranien *daeva* (démon). Ces sens opposés ne sont pas étonnants : comme le même soleil peut dorer les blés ou brûler la terre, un même Être suprême sait briller avec la lumière du ciel ou les feux de l'enfer, éclairer l'homme ou l'aveugler. Ainsi saint Paul, sur le chemin de Damas, est-il « enveloppé de l'éclat d'une lumière venue du ciel et il ne voyait plus » (Actes des apôtres 9 3 et 8).

La notion de *divinité* lumineuse se retrouve

dans *Zeus,* dieu grec du ciel et de la lumière, *Dionysos,* né de la cuisse de Zeus, *Diane,* la lumineuse *déesse* nocturne de la lune, *Jupiter (Dius pater),* le « père lumineux » d'où dérivent les mots français *jovial* (soumis à l'influence bénéfique de Jupiter) et *jeudi (jovis dies),* le « jour de Jupiter ». La terminaison *di* (*lundi, mardi,* etc.) utilisée pour désigner les jours de la semaine en italien et en français vient aussi de la racine *dei* via le latin *dies (jour).* Car le jour est le temps de la lumière comme Dieu est sa force.

Du latin *deus,* viennent les mots français *divin* et *devin* (le présage est une activité divine) ainsi que les villes de *Die* (de *déa* = déesse) et de *Dijon* (de *Divius,* nom d'homme issu de l'adjectif *divinus*). De *dies* est issu un riche vocabulaire allant de *diurne* à *diète* (assemblée d'un jour), de *midi* (milieu du *jour*) à *méridien* et *quotidien,* de *bonjour* à *toujours,* de *journal* à *aujourd'hui,* de *séjourner* à *ajourner,* etc.

Tous ces mots se réfèrent au retour périodique de l'éclairage nécessaire aux actes de la vie. Il n'est donc pas étonnant que le prince des ténèbres soit le diable* et que l'éclairage artificiel ait supplanté la lumière divine. La « fée Électricité » fut longtemps interdite dans les monastères comme contraire à l'alternance naturelle du jour et de la nuit, de même que le chauffage central rompait le rythme des saisons. Mais l'esprit des Lumières a désormais supplanté la crainte du Ciel et les néons de la nuit l'office des ténèbres.

Dire

Dire, c'est montrer. Les flexions de la voix, comme le langage des gestes, donnent des indications sur un cheminement qui s'impose, un sens obligatoire. Dire vient du latin *dicere* (même sens), lui-même issu d'une racine indo-européenne *deik* signifiant « montrer ». En dérivent des mots français aussi différents que *diction, doigt, index, dédicace* et *prédiction.*

Ces termes comportent tous l'idée d'une direction à prendre ou d'une directive à suivre même si cette invitation n'est pas toujours honorée. Il y a un écart entre le dire et le faire, comme l'affirme l'adage : « Fais ce que je dis et ne dis pas ce que je fais. » Mais une telle fourberie ne se discute pas car le dire fut d'abord une sentence dont la mieux connue est l'*interdit (interdictum),* formule prononcée par un magistrat romain pour clore une querelle entre deux parties et les obliger à trouver un terrain d'entente.

Le vocabulaire *juridique* a donc largement puisé dans cette famille de mots : dire le droit, tel est le rôle d'une *juridiction.* Le droit fut oral avant d'être écrit : à l'origine de la justice, il y a le *jus,* serment du plaideur, répété mot pour mot après le *juge (judex),* « celui qui montre le serment ». De même la *dikè* grecque (cf. *théodicée,* la « justice divine ») était une formule prononcée par le magistrat. Mettre en mots l'*indicible*, c'est dissiper les confusions, séparer le vrai du faux, le permis du défendu. Le droit est un langage binaire comme l'informatique, une doctrine manichéenne comme l'antique religion iranienne ou toute doctrine opposant le mal au bien et visant au triomphe de ce dernier.

Le contraire de dire, c'est taire et l'absence d'aveu ou de témoignage entretient le doute qui est favorable à l'accusé mais embarrasse les magistrats. Guy Mardel, étudiant en droit à la faculté de Paris, l'avait bien compris lorsqu'il lança sa célèbre chanson *N'avoue jamais* (que tu aimes).

Le vocabulaire religieux, qui sacralise et diabolise, a largement puisé dans ce dualisme des juges : un prêtre *maudit* ou *bénit* (du latin *benedictum* d'où viennent le prénom *Benoît* et l'ordre des *Bénédictins* ; voir beauté*), et *prêche* (de *praedicare, « dire devant »*, annoncer) ce qui est *véridique*. Dire le vrai est une exigence ou une prétention si l'on croit que toutes les affirmations ou tous les comportements ne se valent pas et si l'on refuse d'*abdiquer* devant le relativisme moral ou doctrinal.

Cette dimension *dictatoriale* de la parole inspirée et obligée est à distinguer des débats *contradictoires* du droit démocratique. Dès lors que chacun dispose d'un temps et d'un espace de parole, le discours est une victoire sur le silence oppressif.

Avec l'*addiction*, on passe du droit à la médecine par un remarquable glissement de sens. L'*addictio* était la décision obligatoire d'un juge romain, qu'il s'agisse d'adjudication d'un bien ou de condamnation d'une personne : la mesure s'imposait, le justiciable n'était pas libre de refuser.

En anglais (repris du vieux français), l'*addiction* est devenue un comportement maladif aliénant la liberté, une attirance compulsive provoquant l'accoutumance. C'est devenu un mot clé de la psychiatrie américaine désignant aussi bien la boulimie que le tabagisme ou l'alcoolisme. Comme déclarait le président Clinton au plus fort de l'affaire Monica Lewinsky : « Qu'il s'agisse de drogues, de whisky ou de sexe, chacun a sa forme d'addiction. »

C'est sans doute en décomposant ce mot qu'on en fera un outil thérapeutique comme on inactive un virus pour en faire un vaccin. Dans l'idée d'addiction le préfixe *ad* indique une proximité, un attachement qui peut devenir excessif. C'est alors le rôle du dire que de défaire ces liens. La plupart des méthodes de désintoxication font appel aux groupes de paroles qui, des Alcooliques anonymes aux anciens parieurs invétérés, essayent de se libérer de leurs habitudes par l'échange verbal et de retrouver par les mots le sens de l'*interdit*.

Il y a certes un peu de méthode Coué dans cette cure de mots. Le patient doit alors se souvenir de ces vers d'Yves Bonnefoy :

> *« Et s'il reste recru d'angoisse et de fatigue*
> *Qu'on redise pour lui les mots de guérison. »*

Divan

C'est l'un des mots clés de la psychanalyse : le divan de Freud est, comme le pendule de Foucault, inséparable d'un homme et d'une science. Et venir du divan de telle ou telle sommité de la psychanalyse, c'est comme sortir de la cuisse de Jupiter. Freud préserva ses patients du lit de l'hôpital, les éloigna de la « science du lit » ou clinique (avec des professeurs au chevet du malade) qui avait pour décor des draps blancs comme un linceul. Il les remplaça par des étoffes, des meubles et des objets d'art évoquant les plaisirs exotiques et les charmes de l'Orient.

À l'origine du mot divan (espagnol *divan*, italien *divano*, portugais *diva*), il y a le persan *dibir* (« écrivain », « scribe ») d'où est dérivé *dîwân* (« registre », « liste »), terme qui passa en arabe pour désigner la salle où l'on tient un registre, ce bureau d'enregistrement des taxes qui, en italien, deviendra *dogana* puis, en français, *douane*.

En persan, *dîwân* désigna un jeu d'écritures moins utilitaire, un poème dont le plus célèbre est le *Dîwân* d'Hâfez (XIVe siècle). Goethe reprit cette appellation en écrivant son recueil du *Divan* (1819), chant d'amour où, sexagénaire, il évoque sa « nouvelle puberté » et sa passion pour une jeune femme de vingt-cinq ans au nom si bien trouvé de Marianne Jung (« Jeune »).

Faisant la part belle à l'imagination et à la transgression (les poésies persanes chantent souvent les plaisirs du bon vin et des beaux échansons), le *dîwân* finit par symboliser l'œuvre d'art sans pour autant perdre son caractère administratif. En Inde, les souverains moghols (très influencés par les civilisations arabe, turque et persane) donnèrent à certains de leurs ministres, notamment celui des finances, le titre de *dîwân*.

Le mot finit par désigner le lieu du Conseil des ministres ou salle d'audiences publiques *(Dîwân-i Âm)*. Et la même racine servit à désigner la salle des audiences privées *(Dîwân-i Khâs)* où le monarque recevait courtisans et artistes. Les *dîwân* de Lahore, Delhi, Amber, Jaipur, Âgrâ et Fatehpur-Sikrî constituent des chefs-d'œuvre de l'art moghol et sont classés par l'Unesco au titre du patrimoine mondial.

En Turquie, le sens politique l'emporta et *divân* désigna la salle de conseil puis le gouvernement même du Grand Turc (le sultan d'Istanbul). Cette salle ayant des sièges garnis de coussins, son nom servit à désigner des meubles où l'on peut se tenir à l'aise, voire s'allonger, nos modernes divans. Le mot « sofa » a d'ailleurs connu une évolution assez voisine puisqu'il désignait l'estrade couverte de tapis et coussins où le grand vizir recevait ses hôtes et, par extension, une sorte de lit de repos.

Au milieu du XIXe siècle, on appelait aussi

divan un café de style oriental, le café étant d'ailleurs (avec le thé et le chocolat) l'une des trois grandes boissons exotiques qui devaient révolutionner l'art de boire en Occident. Le café était aussi un lieu où s'échangeaient libres propos et gazettes subversives tout comme le divan accueille des paroles licencieuses.

Si un meuble, le divan, a pu symboliser une science, la psychanalyse, c'est que son origine orientale favorisait l'ouverture de la pensée à des idées nouvelles, l'exotisme développant l'imaginaire et transgressant les interdits : si l'on fait l'amour dans un lit, on en parle sur le divan. Dans la Vienne catholique, le bureau de Freud ne comportait aucun crucifix ni aucune image pieuse mais les statuettes « païennes » (égyptiennes ou grecques) voire les amulettes phalliques y abondaient. Telle est l'histoire complexe de cet angoissant canapé que Didier Anzieu nomme « Divan le Terrible ».

Droit

Le droit (allemand *Recht,* espagnol *derecho,* italien *diritto,* portugais *direito*) est-il la loi du plus fort ou l'alibi des plus faibles ? L'histoire de ce mot ne permet guère de trancher le débat mais elle montre les rapports étroits entre le juridique et le politique et, d'abord, entre le droit et le *roi*.

Ces deux termes sont issus d'une racine indo-européenne *reg* aux ramifications multiples. En dérivent, notamment, les noms du roi en latin *(rex)*, en celte (*rix*, cf. *Vercingétorix* ou... *Astérix*) et en sanskrit (*râja*, cf. *Mahârâja*, « grand roi »). En allemand *Reich* signifie « empire » en tant que substantif et *riche* lorsqu'il est adjectif. L'évolution du sens est évidente : les rois sont rarement pauvres.

Le rapport entre le roi et le droit relève de la géométrie. Le roi est celui qui trace droit les limites d'un pays (c'est du moins l'opinion de Benvéniste) mais c'est aussi celui qui marche droit sur l'ennemi : la sinuosité serait ici synonyme d'hésitation. Le droit fixe la *règle* marquant une frontière entre le permis et le défendu : il s'agit de barrer la route aux errements des pulsions et de tirer un trait sur les désirs de transgression.

On peut regretter cette rigidité des *règlements* et le doyen Carbonnier, grand civiliste, plaide pour un « flexible droit ». Les méandres de la procédure viennent d'ailleurs atténuer voire supprimer le caractère *rectiligne* du droit : « Le droit est oblique », disent les exégètes des lois même si c'est à la barre que plaident les avocats, membres du barreau.

Les langues germaniques ont poussé très loin l'assimilation du droit légal, de la *droiture* morale, de l'angle droit et du côté droit (dans les langues latines, cette dernière notion est exprimée par des dérivés du latin *dextera* qui n'a rien à voir avec la racine *reg*). Le mot anglais *right* traduit ces quatre sens différents et l'expression *all right* est devenue une formule passe-partout.

L'homme a besoin d'une *direction* sûre. La racine *reg* est à l'origine de ce qui *dirige* notre monde ou *régit* notre vie : *régime, régiment, directeur*. Du *recteur* de la paroisse au *rectum* de l'intestin, du *rectangle* dessiné à la *correction* infligée, la droite ligne apparaît comme une norme.

Elle n'est pas universelle : la pensée chinoise se réfère beaucoup aux courbures, symbolisées par les lignes sinueuses des rivières ou des rizières. Mais elle est dominante, peut-être parce que fixée par des hommes dont l'*érection rectiligne* est signe de santé alors que la courbure de la verge *érigée* est une maladie (dite de La Peyronie).

Cette opposition du droit et du tordu se trouvait déjà dans les plus vieilles législations du monde, au Proche-Orient. Les « codes » mésopotamiens comme la loi biblique prennent pour modèle l'homme droit, opposé au bossu dont la difformité osseuse laisse présager une dissidence sociale ou une déformation du sens moral. De nombreuses langues expriment par un seul mot la droiture éthique et physique : en argot américain, *straight* (« droit ») désigne l'hétérosexuel.

Redresser le corps est, au contraire, une forme de maintien et un acte d'allégeance dont fait preuve le militaire au garde-à-vous. Car la justice n'était jamais loin du pouvoir dans les époques lointaines qui ignoraient la séparation de l'exécutif et du judiciaire : un même mot hébreu (*mishpat*) désigne la justice et le pouvoir. Un verset biblique exprime cet amalgame : « David régna sur tout Israël, faisant droit et justice à tout son peuple » (II Samuel 8, 15).

La proximité entre le roi et le droit n'était donc pas limitée à l'espace indo-européen. Celle entre droit et direction non plus : le mot hébreu pour « loi » *(torah)* contient une double idée de direction et de *directive* : Dieu guide son peuple pour qu'il se conduise bien. La loi montre la voie à suivre et Hammourabi avait promulgué son célèbre code pour que son pays prenne « une voie sûre et une direction excellente ». Mais il y a loin de l'idéal géométrique du droit aux manœuvres savantes des chefs. « Le réel est mouvant », disait le général de Gaulle pour expliquer cet écart. Et nous verrons que l'art de gouverner, c'est la loi du mouvement (voir gouvernement *).

Église

L'Église est-elle une autorité ou une assemblée ? Se définit-elle par son chef ou par son peuple ? Les langues germaniques optent pour le premier terme de ce choix et les langues latines pour le second.

L'anglais *church* et l'allemand *Kirche* dérivent du grec *kuriakos* signifiant « qui concerne le Seigneur ». Cet adjectif, forgé au début de l'ère chrétienne, s'appliquait soit à l'empereur (romain) soit au Christ. Il était logique de donner un même titre aux autorités spirituelles et temporelles. Les sept premiers conciles œcuméniques furent d'ailleurs convoqués et leurs décrets ratifiés par l'empereur qui jouait alors le rôle des papes d'aujourd'hui, celui du ministre de l'unité de l'Église.

Kuriakos est formé sur le substantif *kurios,* désignant le maître, l'autorité, le souverain. Ce nom est issu d'une racine indo-européenne *keu* exprimant l'idée d'un gonflement apportant la force, que l'on soit enceinte d'un enfant ou rempli de l'Esprit-Saint. De cette racine dérivent le sanskrit *sura,* nom général des divinités védiques et l'avestique (iranien) *spenta.* Ce dernier terme désigne tout Esprit pourvu de sainteté et, notamment, *Spenta* Mainyu, l'Esprit bienfaisant, prototype du Saint-Esprit des chrétiens.

En se référant à un pouvoir procurant le bien-être, ces diverses langues ont gardé la mémoire d'une autorité suprême qui dispense aux croyants une puissance de vie et une force de pardon. En témoigne encore la prière catholique du *Kyrie éleison* (« Seigneur, prends pitié »). Définir l'Église par son Seigneur, c'est souligner sa dimension verticale.

La dimension horizontale est exprimée par les langues latines. Le français église, l'italien *chiesa*, l'espagnol *iglesia* et le portugais *igreja* sont issus du grec *ékklèsia* désignant l'assemblée du peuple ou son lieu de réunion. L'Église, cette somme de « pierres vivantes », est l'assemblée des fidèles comme le bâtiment qui l'abrite. L'Église chrétienne se distingue alors de *l'ékklèsia* grecque qui se tenait généralement en plein air.

Ekklèsia est dérivé du verbe *kalein* (« appeler »), lui-même issu d'une racine indo-européenne *kal* que l'on retrouve dans l'anglais *to call*, ou les mots français *clamer* et *clair* (ce qui est éclatant par le son ou la couleur). L'*ékklèsia* grecque, comme l'Église chrétienne, était une assemblée convoquée. Dans l'Athènes de Périclès, les réunions se tenaient, en général, tous les neuf jours, fréquence assez proche de nos cultes hebdomadaires.

L'adjectif *ecclésiastique* désignait, dans le christianisme primitif, les membres de l'Église officielle, par opposition aux hérétiques. Par la suite, l'ecclésiastique est devenu un clerc, distingué des laïcs. Mais le sens non clérical de ce terme se retrouve dans le livre biblique de *l'Ecclésiaste*, cet « homme de l'assemblée » (en hébreu *Qohéleth*) qui parle au nom du roi Salomon pour dénoncer les défauts de la société. Exercer une magistrature morale et faire preuve de vigilance sociale étaient les deux missions laïques de ce contre-pouvoir ecclésiastique.

Érotisme

Comme tous les mots en « isme », érotisme est de formation savante et récente : le premier usage attesté date de 1794, chez Restif de La Bretonne. On ne le distingue pas toujours facilement de pornographie, ce dernier terme évoquant, à l'origine, un commerce licencieux : la *pornè* (du verbe grec *pernèmi*, « vendre ») était une femme vendue et, donc, une prostituée. La pornographie ayant une connotation péjorative, elle est souvent considérée comme de l'érotisme vulgaire, dépourvu de qualités artistiques. Mais, lorsque le pape dénonce l'érotisme de la « société permissive », il le confond volontiers avec la pornographie.

Érotisme (anglais *erotism*, allemand *Erotik*, espagnol, italien et portugais *erotismo*) a aujourd'hui un sens presque exclusivement sexuel.

Érotisme

Quand on parle d'*érotisation*, de zones *érogènes* voire d'*érotomanie*, il est question de satisfactions sensorielles et, surtout, de plaisirs du sexe. Mais lorsqu'en 1923, Freud opposa *Erôs* à *Thanatos* (la mort) pour en faire les deux pôles de la vie psychique, il redonna à ce premier terme son sens originel, beaucoup plus vaste.

Erôs est issu du verbe *éran* exprimant le fait d'aimer ou de désirer ardemment une personne ou un bien, qu'il s'agisse d'une femme, d'un sport, d'argent, d'un régime politique ou d'une aventure militaire. Le mot désigne un sentiment spontané, un élan personnel et, surtout, un désir des sens.

Personnifié, Erôs est le dieu de l'Amour que les Romains nommèrent Cupidon et qui, pour les chrétiens, devint le symbole de l'amour égoïste, cupide. Erôs était pourtant un dieu utile à tous puisqu'il symbolisait la séduction poussant les êtres à s'unir et à engendrer. Ses attraits en faisaient donc un dieu créateur, tel Shiva muni de son phallus *(linga)*. Mais comme son collègue indien, il était aussi destructeur et au trident shivaïque correspondent les flèches d'Erôs qui percent le cœur de l'amoureux.

Erôs est souvent représenté sous la forme d'un enfant nu ailé, un peu comme les angelots de l'art chrétien : son aérienne jeunesse est un défi au poids des ans. Il peut aussi revêtir les traits d'un adolescent à la divine beauté et à l'éternelle jouvence, prototype des dieux grecs (et indiens) qui ont toujours seize ans. Car le « jeunisme », vieux d'au moins trois mille ans, est l'antidote au déclin de l'amour et aux ravages du temps.

Erôs avait son parfait complément avec *Antérôs,* l'Amour réciproque, son chaste frère issu, comme lui, du lit d'Aphrodite. Dieu vengeur de l'amour dédaigné, Antérôs punissait ceux et celles qui avaient repoussé les avances de son frère mais il s'opposait aussi aux unions monstrueuses et incestueuses. Ainsi permettait-il de succomber à l'amour sans subir de mésalliances et d'allier le beau et le bon selon l'idéal des Grecs (voir beauté*). C'est pourtant cet équilibre parfait que refusa le christianisme naissant. Le mot *érôs* ne figure pas une seule fois dans le Nouveau Testament où il est remplacé par *agapè,* terme désignant la relation affectueuse ou l'amour fraternel mais utilisé dans le Cantique des cantiques pour définir l'attirance entre un homme et une femme. S'il faut chasser le mot, comment bannir la « chose » à moins de consentir à l'extinction de l'espèce humaine ?

Les Pères grecs de l'Église ont compris la vanité de cette censure et ont reparlé *d'érôs,* même à propos de l'amour des saints ou des vertus, voire de l'amour des pauvres et de celui de Dieu. Les Pères latins ont traduit *agapè* par *caritas* (« charité ») et *érôs* par *amor*. Ils ont parfois associé ces deux amours comme en témoigne le cantique *Ubi caritas et amor, Deus ibi est* (« Là où règnent la charité et l'amour, Dieu est présent »).

Il serait d'ailleurs tendancieux d'opposer, comme les anciens moralistes, l'amour captatif à la charité oblative et le couple *éros-agapè* ne comportait pas, en grec classique, cette opposition. On peut d'ailleurs observer une érotisation de la charité, une jouissance du don qu'incarnent les « bienfaiteurs de l'humanité » dont le plaisir de vivre est dans l'oubli de soi. Entre l'âme charitable et le corps épanoui, entre la bienveillante affection et l'extase amoureuse, il y a souvent de subtiles relations et, dans les deux cas, l'anglais utilise généralement un même mot, *love*. De même, les bibles françaises traduisent désormais *agapè* par « amour » et non par « charité ». Une même pulsion peut s'incarner dans des choix d'objets très différents. C'est ce qui unit l'Hymne à l'amour de saint Paul à celui d'Édith Piaf.

Le couple *éros-agapè* a son équivalent en sanskrit : *kâma* (l'amour-désir) et *karunâ* (l'affection-compassion). *Kâma,* comme Erôs, est un jeune dieu hindou qui suscite l'attrait charnel, provoquant naissances et renaissances. Le Bouddha, voyant dans la venue au monde la première des douleurs, condamna cet amour qui génère le désir et engendre les hommes. Il lui préféra la compassion qui réduit les souffrances et, comme la charité chrétienne, procure des mérites en vue de l'au-delà. Cinq siècles avant le Christ, le Bouddha voulait éteindre les flammes de la passion (Kâma est parfois assimilé à Agni, le dieu du feu), ce « feu qui brûle mais n'éclaire pas », selon la formule de Montherlant.

Mais le bouddhisme, comme le christianisme, réhabilita partiellement la chair et, dans le Grand

Véhicule (Mahâyâna), Kâma est une émanation du Bouddha Amitâbha, celui de la « lumière infinie ». Le jaïnisme, après avoir condamné Kâma, lui fera aussi une place dans son panthéon en tant que divinité mineure. Car si l'être humain est conçu dans le plaisir, nier l'Amour c'est tuer l'enfant.

État

L'État (espagnol et portugais *estado*, italien *stato*, anglais *state*, allemand *Staat*) domine le peuple comme une *statue* surplombe une place. Les deux mots sont issus, via le latin *stare* (se tenir debout), d'une racine indo-européenne *sta* qu'on retrouve dans le sanskrit *sthavira* désignant une école de moines bouddhistes de haute stature morale. Cette racine exprime la verticalité et la fixité car tout ce qui est mobile risque d'être plus ou moins penché en avant comme un coureur s'élançant.

Dérivent de *sta* des mots très divers : *étage* (plus haut que le sol), *obstacle* (se dresse devant le marcheur), *stature* (supposée élevée), *stable* (droit debout), *établi* (table massive, stable), *station* (poste où se tiennent des hommes debout), *étable* (lieu où le troupeau *stationne*), *stage* (lieu de séjour temporaire dans un étage), *constat* (aux termes fermement fixés), *coût* (prix *constaté*), *constance* (*stabilité* morale), *distance* (ce qui s'éloigne de la station), *circonstance* (ce qui se tient autour de l'état de fait), *instant* (ce qui est proche de cet état et, donc, immédiat), *instance* (ce qui est assez proche de quelqu'un pour le solliciter), *obstétrique* (la sage-femme qui se tient devant l'accouchée), *ôter* (se tenir devant pour faire obstacle ou pour enlever un élément), *prestance* (ce qui se tient en avant et se distingue), *statut* (ce qui est fixé), *instituer* (*établir* des principes intérieurs), *prostituer* (établir devant pour un usage obscène), *destituer* (chasser quelqu'un de son état), *restituer* (*rétablir* en son état), *assister* (se tenir auprès de), *exister* (se tenir hors de et, donc, se montrer), *insister* (se tenir au même endroit et, donc, s'appliquer à la même chose), *résister* (se tenir en faisant face), *destiner* (arracher de son état immobile), *obstiné* (qui se tient devant constamment), *instaurer* et *restaurer* (mettre ou remettre en état), *rester* (*persister* dans une position ferme ou debout), *arrêter* (tendre vers une position immobile), etc.

Pour borner son domaine et marquer son pouvoir, l'État a donc utilisé des signes immobiles et verticaux. Les plus anciennes bornes frontières sont des *stèles* dont celle du Vautour, exposée au Louvre, indique la frontière entre les cités-États mésopotamiennes de Kish et de Lagash et date d'environ 2500 avant J.-C. Les plus vieux vestiges fiscaux sont les nilomètres, ces pieux enfoncés dans le Nil qui mesuraient la hauteur de la crue et en déduisaient le volume des récoltes comme l'assiette de l'impôt.

L'État exige une permanence des institutions plus *statique* que dynamique. Sa verticalité durable évoque moins l'érection temporaire du roi engendrant le pouvoir (voir royaume* et pouvoir*) que l'élévation de la statue imposant le respect. Elle trouve ses premiers symboles dans les mégalithes et les pierres dressées qui, de l'Europe celtique au Proche-Orient sémitique, dominaient le pays et toisaient ses habitants.

Comme les obélisques édifiés à la gloire du Soleil et du Pharaon, les symboles *étatiques* avaient une dimension religieuse devant laquelle le passant ne pouvait que s'incliner et ployer les genoux (voir génération*). En Chine, où l'empereur tenait son mandat du Ciel, les visiteurs de la Cité interdite devaient faire la triple génuflexion devant le trône. Comme un vaincu passant sous les fourches Caudines, le sujet devait s'abaisser devant le représentant suprême de l'État.

À l'inverse, celui qui bénéficie pleinement de ses droits* peut *ester* en justice, c'est-à-dire comparaître debout devant un tribunal. L'homme debout est un défi, une menace pour les puissances *installées* sur leur trône voire *étalées* sur leurs banquettes comme les empereurs romains.

Si la mort couche l'homme debout, son prestige lui permet de retrouver une position verticale grâce à des statues. La *statuaire* d'un pays est représentative des hommes qui font autorité et imposent leur pouvoir posthume sur des millions d'anonymes n'ayant d'autres horizons que la platitude d'une tombe.

Les statues donnent à un pouvoir personnel la durée et la dureté de la pierre, du moins si elles ne sont pas abattues quand ce pouvoir est destitué. Pour fixer solidement les principes d'un gouvernement, on peut aussi rassembler les fondements divers de l'État au sein de compilations appelées constitutions. La pérennité de l'écrit se substitue alors à la solidité de la pierre et s'oppose aux variations d'humeur des souverains successifs, trop faibles ou trop violents. Si les premières constitutions romaines étaient impériales, elles furent bientôt suivies par d'innombrables constitutions apostoliques ou monastiques dont certaines, comme celles de Bénédictins, sont toujours en vigueur. Méfiants à l'égard des individus, les moines limitaient le pouvoir de leurs abbés par d'épais volumes réglant les moindres détails de l'existence quotidienne, par peur que leur clôture ne devienne une prison.

Éthique

L'éthique a remplacé la morale. L'une est d'origine grecque et l'autre latine, mais leur sens est voisin. L'éthique a d'abord été enseignée dans les facultés protestantes de théologie qui préfèrent le grec au latin, langue de l'Église romaine, alors que les facultés d'État et les instituts catholiques ont, jusqu'à ces dernières années, plutôt parlé de philosophie morale. *Ethos* et *mos* (d'où viennent les mots français « mœurs » et « morale ») désignaient l'habitude, le comportement fixé non par la loi mais par la pratique. Entre le légal et le moral comme entre le juridique et l'éthique, il y a la distance séparant la règle et l'usage, le droit et le fait.

L'éthique (anglais *ethical*, allemand *Ethik*, espagnol et portugais *ético*, italien *etico*) est donc évolutive. Comme la morale, elle relève des us et coutumes, de ces mœurs variant selon les pays et les époques. On peut parler d'éthique conjoncturelle ou de morale de situation : quand Mahomet se mariait avec Aïcha, âgée de neuf ans et que Joseph se fiançait à Marie, âgée de treize ans (âge, précédant les premières règles, où une jeune Palestinienne devait être promise à un homme), ils avaient un comportement éthique et moral. Aujourd'hui, même en l'absence de toute relation sexuelle, ils seraient passibles, en France, de cinq ans de prison et de cinq cent mille francs d'amende pour soustraction de mineure à l'autorité parentale (article 227-8 du code pénal).

Pour réduire l'écart entre le légal et le moral, nous avons multiplié les comités d'éthique qui, à l'échelon local ou national, éclairent les décideurs et le législateur. Les progrès techniques accroissent les distances entre pratiques modernes et principes vieillis : les juifs orthodoxes ont imposé, en Israël, les « ascenseurs du shabbat » qui s'arrêtent automatiquement à chaque étage sans qu'on ait appuyé sur un bouton. Le légalisme est ici fort loin de l'éthique qui relève moins de la lettre, du code ou de la norme que de la conscience collective ou du choix majoritaire.

Comme ethnique, éthique est issu d'une racine indo-européenne *swedh* marquant ce qui est propre à une personne ou à un groupe et qui peut varier dans le temps. En dérivent les mots comme *désuétude* (ce qui n'est plus habituel) ou *mansuétude* (ce qui a l'habitude d'obéir à la main et d'être doux). Ce dernier terme appartenait au langage des dompteurs ou des éleveurs avant de glisser de l'animal à l'homme. Ce glissement est logique : en grec, *éthos* est apparenté à *èthos* qui distinguait tantôt un caractère humain, tantôt une habitude animale et, notamment, la demeure d'une espèce : écurie, étable, repère, gîte, etc. L'*éthologie* a d'ailleurs, au XVIIe siècle, désigné l'étude des mœurs humaines puis, à partir du XIXe siècle, celle des comportements animaux.

Le terme de *bioéthique* (« éthique du vivant ») rapproche sans les confondre l'homme et l'animal. Pour désigner la vie*, le grec a trois mots : *psuché* (le souffle de vie), *zôè* (la vie opposée à la mort ou à la matière inerte) et *bios* (le mode de vie). Le premier est devenu trop « psychique » et le second trop « bestial » (le zoo) pour s'appliquer à cette discipline globale qu'est la médecine humaine.

Certes, la question du psychisme animal est toujours débattue (parler d' « âme animale » ne gênait pas non plus les Grecs). Et celle de l'animalité humaine a rebondi depuis Darwin, même si l'Apocalypse de saint Jean comparait déjà Jésus, le « vivant » *(zôon)*, à toutes sortes de bêtes. Mais la singularité et l'ambiguïté humaines sont toutes deux préservées dans le concept de bioéthique, cette éthique du vivant qui vise à promouvoir la dignité et la qualité de l'existence humaine. Vaste et noble programme car, comme le déplorait Victor Hugo, « la vie est passée avant qu'on ait pu vivre ».

Ethnie

L'ethnie a remplacé la race comme l'*éthique** la morale : les mots grecs du vocabulaire savant se substituent à des termes issus du latin, moins précis et trop usés par des siècles d'emploi. Race a été victime du racisme et de la manie du XIXe siècle de tout classifier, les éléments en fonction de leur masse atomique ou les humains d'après la forme de leur crâne.

La race relève de l'arithmétique et l'ethnie de la grammaire. Race vient du latin *ratio* désignant le calcul et ses résultats, le compte et ses produits (cf. les ratios de solvabilité), la faculté de calculer (la « raison ») et celle de diviser (la « race ») les êtres ou les choses en groupes ou espèces homogènes. Le modèle idéal de la race, c'est le damier en noir et blanc mais les humains métissés y sont des pions entre deux cases.

Plus subtile est l'ethnie. Comme l'éthique, le mot est issu de la racine indo-européenne *swedh* indiquant ce qui est propre à une personne ou à un groupe. En dérivent les adjectifs et pronoms réfléchis (*se, soi, son, sa, sien*, etc.) et des noms comme *costume* ou *coutume* marquant un signe distinctif qui identifie et différencie.

Identité et altérité, caractère propre et mode de

vie distinct fondent l'ethnie. En grec, *éthos* désignait un peuple précis mais aussi une classe sociale ou une race animale. Pour les Hébreux, ce terme nommait les Gentils, ces gens aux habitudes différentes, ces païens formant des nations, ces hommes de toutes races, peuples et langues qui ne vivaient pas comme eux.

Ethnique (anglais *ethnic,* allemand *ethnisch,* espagnol et portugais *étnico,* italien *etnico*) garda, en français, le sens de « païen » jusqu'au XVIIIe siècle. Le substantif ethnie n'apparut qu'à la fin du XIXe siècle et se substitua à « race ». La prise en compte du critère linguistique montra l'ambiguïté d'expressions telles que « race française » ou « race allemande » alors que les Francs étaient, originellement, des Germains parlant une langue germanique, le francique.

Mais la définition de l'ethnie n'est guère plus claire. Dans des régions aux langues, aux religions et aux coutumes multiples comme la Chine du Sud-Ouest, coexistent de nombreuses ethnies que l'on appelle parfois nationalités sans que la distinction entre ces deux termes soit précise. Sous l'influence américaine, on nomme *ethnics* les études relatives à toutes les minorités (y compris sexuelles) ou les musiques propres à un groupe plus ou moins bien défini qu'on aurait naguère appelées folkloriques : du gospel au reggae et du black power à la gay pride, tout ce qui n'est pas majoritaire devient *ethnic.*

L'*ethnicisme* risque de rejoindre le racisme dans ses pires excès. On aurait découvert le gène des homosexuels dans le cerveau et les origines des Grecs en Afrique noire : cette Black Athéna, chère à certains penseurs afro-américains, montre la fausseté des mythes des origines.

L'*ethnologie* populaire, comme l'étymologie sauvage, recèle des confusions évocatrices (tout non-sens a un sens) mais aussi des rapprochements hasardeux. Alors qu'on ne sait toujours pas précisément quand, par qui et par où a été peuplée l'Amérique, la pensée délirante a encore de beaux jours devant elle et les mormons peuvent prétendre avoir débarqué de Mésopotamie près de quatre mille ans avant le voyage de Christophe Colomb.

Nos sociétés multiculturelles induisent un droit à la différence et un risque de confusion. Elles protègent les minorités et permettent le métissage. Faut-il se résigner à la disparition des centaines d'ethnies indochinoises ou les parquer dans des réserves pour empêcher les mariages mixtes ? Et faut-il admettre tout signe de distinction ? Des Chinoises aux petits pieds aux femmes-girafes des Karens, longue est la liste des pratiques ancestrales aussi farfelues que mutilantes.

Dans un monde où les Occidentaux recourent au bronzage artificiel pendant que les femmes noires se blanchissent la peau, où les Européens pratiquent piercing et tatouages qu'abandonnent les Africains, chacun est à la recherche d'un « look » plus ou moins excentrique ou banalisé.

Mais tous appartiennent à la même ethnie en qui les Grecs voyaient la race des mortels précédant le peuple des morts.

Europe

On a voulu construire l'Europe sans connaître ses limites comme un architecte édifiant une maison sans mesurer son terrain. On se demande donc toujours quel pays fait ou ne fait pas partie de l'Europe et cette interrogation n'est pas près de cesser.

D'abord, pour satisfaire l'orgueil des puissances dominant le monde, la géographie classique a décrété qu'il y avait cinq continents dont le premier était l'Europe. Si un continent est une grande étendue de terre limitée par des océans, l'Europe fait partie du continent eurasiatique. Car de Brest à Vladivostok, il n'y a pas une seule mer ouverte et l'on peut parcourir ce trajet en chemin de fer sans se mouiller les pieds.

L'Europe et l'Asie ne sont d'ailleurs séparées par aucune barrière importante : l'Oural n'est qu'un chaînon, culminant à 1 067 mètres d'altitude, plus bas que le ballon d'Alsace ou le puy de Sancy et ne séparant ni des États ni des civilisations. L'« Europe de l'Atlantique à l'Oural », chère au général de Gaulle, est une belle formule vide de sens.

Europe

Même en faisant de l'Europe un continent à part entière, on commet de graves erreurs géographiques. Ainsi, les Français font-ils du mont Blanc (4 807 mètres) le sommet de l'Europe dont le point culminant est, en fait, l'Elbrouz (5 633 mètres), situé sur le versant européen du Caucase. Le mont Blanc n'est que la plus haute montagne de l'Europe de l'Ouest et de la France.

La question des limites de l'Europe a été relancée par la candidature à l'Union *européenne* de la Turquie, pays dont les neuf dixièmes du territoire se trouvent en Asie. Il est vrai que la démarche turque peut s'appuyer sur des arguments mythologiques : Europe était mère d'un roi crétois (Minos), épouse d'un dieu grec (Zeus), fille d'un roi phénicien (Agénor) et petite-fille de l'océanide Libye, une nymphe qui a le même nom que ce pays d'Afrique.

Europe était donc une métisse, symbole des mélanges de civilisations du Proche-Orient issus des voyages sur cette mer médiatrice qu'est la Méditerranée. Europe est donc plus maritime que terrestre et c'est un comble d'avoir donné à un continent le nom de la fille d'Océan (ou de son arrière-petite-fille selon une autre version).

C'est à partir du VIIe siècle avant J.-C. que les Grecs appelèrent Europe leur continent pour le distinguer des régions « barbares », asiatiques ou africaines. Il serait donc logique de chercher dans la langue grecque l'origine de ce nom : il pourrait venir de *Eurus* (« large ») et de *ops* (« œil »).

Europe aurait donc de grands yeux mais on voit mal pourquoi.

On a aussi essayé d'y voir un lieu « favorable aux buissons (*eu, rôps*), bien arrosé par rapport aux régions sèches de l'Asie ou de l'Afrique. Il serait peut-être plus logique d'y voir un terme sémitique dérivé de *Ereb,* mot signifiant « Occident » (cf. *Maghreb,* l'ouest du monde arabe).

Aucune étymologie n'est sûre. On ne sait pas d'où vient l'Europe ni où elle va. Ce qui rend libre son avenir.

Femme

Peut-on se passer d'hommes pour faire des enfants ? Cette question est déjà présente dans le mot femme dont la famille lexicale est omniprésente dans le vocabulaire de la génération comme si les mâles n'avaient rien à voir avec l'engendrement.

Au départ, il y a la racine indo-européenne *dhè* exprimant le fait de sucer ou de téter. On la retrouve dans le mot *fellation,* le gland étant un substitut du mamelon. Celui-ci se nomme en grec *thèlè* d'où vient le français *épithélium* (« sur le mamelon »), désignant un tissu de revêtement (comme l'épiderme), tissu dont est pourtant dépourvu le mamelon.

Plus logique est, via le latin *femina,* la formation de tout un vocabulaire *féminin* : femme, *femelle, efféminé.* Ou encore, par le latin *fetus,* les mots *fœtus* et *faon,* ce dernier désignant au Moyen Âge le petit de n'importe quelle bête. Ou encore, d'après le latin *fecundus,* les mots *fécond, fécondité,* etc.

Par le latin *filius* (« nourrisson »), la racine *dhè* a également fourni les mots *fils, fille, filial, filiation.* Et encore, par le latin *felix* (« qui produit des fruits », d'où « favorable »), les mots *félicité, féliciter* : une femme féconde est favorisée des dieux et connaît un « heureux événement ». Enfin, du latin *fenum* (« produit du pré »), probablement apparenté à *dhè,* viennent les mots *foin, faner, fenouil.*

Une telle avalanche de dérivés montre à quel point l'engendrement fut d'abord associé à la femme et non à l'homme, au sein et non au pénis, au lait et non au sperme. Le rôle de celui-ci ne fut probablement compris que très progressivement au cours des siècles. Il faut aussi des années aux enfants pour comprendre le rôle que joua leur père dans leur venue au monde. S'il serait excessif d'en déduire un hypothétique matriarcat primitif, il n'est pas douteux que la femme a été perçue comme la maîtresse de la génération. Les actuelles familles monoparentales, excluant l'homme, ont donc des fondements archaïques.

À l'inverse, l'anglais *woman* (contraction de *wife-man,* « épouse de l'homme ») définit la femme par rapport à l'homme. Une femme est-elle d'abord épouse ou mère ? L'anglais et le français donnent des réponses opposées à cette question. Quant à la femme célibataire et sans enfant, aucune langue ne lui a donné un nom, comme si cet être innommable était maudit à moins qu'il ne se voue à une communauté religieuse. Et il faudra attendre Simone de Beauvoir pour que la femme *inféconde* sorte de sa contradiction et de sa malédiction.

Foi

Les notions de foi et de croyance (voir croire*) sont assez voisines même si l'une est plus axée sur le rapport personnel et l'autre sur le pouvoir magique : la foi (anglais *faith*, espagnol *fe*, portugais *fé*, italien *fede*) est apparentée à la *fidélité* et la croyance à la crédulité.

En latin, *fides* servait de substantif au verbe *credo*. *Fides* est issu d'une racine indo-européenne *bheidh* exprimant l'idée de fermeté, de solidité. Avoir foi dans un roc ou une pierre est une image universelle que l'on trouve déjà dans de nombreux psaumes de David où Dieu est comparé à un rocher ou à une citadelle. La foi est ici inséparable de l'adhésion morale voire de l'adhérence physique à une protection *fiable*. Cette idée de *confiance* protectrice se retrouve dans le mot hébreu *amen* qui est le oui de l'homme à Dieu et vient du verbe *âman* exprimant le fait de porter solidement, notamment un enfant dans ses bras. La confiance ne va pas sans constance : le *fiancé* doit honorer ses promesses et le *fiduciaire* restituer un bien dans un certain délai. Quant à la monnaie *fiduciaire*, elle doit conserver sa valeur le plus longtemps possible. Cette durée engendre une certaine intimité : de la confiance naît la *confidence* des personnes et l'alliance des peuples sous forme de *fédération*. À l'opposé, tout ce qui est *défi*, *défiance* ou *perfidie* relève d'une rupture du lien ou d'une violation de serment. L'antijudaïsme catholique s'est longtemps nourri d'une prière pour les « *perfides* juifs », ceux-ci étant accusés d'avoir trahi la confiance de Jésus en le dénonçant aux Romains.

La foi engendre la dévotion comme la fidélité le dévouement. Les langues germaniques ont conservé cet apparentement. En anglais, de la racine *bheidh* dérivent *faith* (la foi) et *to bid* (souhaiter, inviter, prier de venir). En allemand, *Gebet* (prière) et *bitten* (prier) ont la même origine. Dans une société laïcisée, il reste une exigence de foi en l'homme, tant il est impossible de vivre en commun dans une *méfiance* réciproque. Cet impératif de loyauté est un des fondements du code civil qui s'énonce ainsi (article 2 268) : « La bonne foi est toujours présumée et c'est à celui qui allègue la mauvaise foi à la prouver. »

Folie

Quoi de commun entre un *fou* (anglais *foolish*), une *flûte*, un *ballon*, le *budget*, l'*inflation*, des *flageolets*, un *bol*, une *bulle*, la *bouffe*, le *ballottage* et les *Belges* ? Tous ces mots sont issus d'une racine indo-européenne *bhel* exprimant l'idée de *souffler* et, donc, de *gonfler*. Comme la grenouille de La Fontaine « s'enfla si bien qu'elle creva », le fou (du latin *follis*, « soufflet pour le feu ») a la grosse tête et sa raison explose. Et de quelqu'un qui fatigue les méninges, on dit : « Il me *gonfle*. » La folie (italien *follia*) a donc été perçue dès l'Antiquité tardive comme une *enflure* vide de sens, un *gonflement* des mots creux.

Creux comme le bois de la flûte ou comme l'air du ballon gonflé, la bourse de l'argent du budget, le gonflement des prix dans l'inflation, les *flatulences* gazeuses provoquées par les flageolets, la forme *enflée* du bol rond ou de la bulle d'air. La bouffe fait gonfler, *bouffir* le corps. Mais l'esprit peut aussi être *bouffi* d'orgueil. Quant au ballottage, il est une survivance d'un vote avec de petites *balles*.

Restent les Belges, peut-être ainsi appelés par les Romains parce qu'ils étaient gonflés d'orgueil guerrier et méritaient bien cette célèbre réplique : « Ils sont fous, ces Gaulois. »

Frère

C'est le mot le plus simple des langues indo-européennes. De la racine *bhrater,* sont issus des termes presque identiques : grec *phratèr,* latin *frater,* anglais *brother,* allemand *Bruder,* italien *fratello,* français frère, etc. Les dérivés sont rares (*fraternel, fratricide*) et leur sens évident.

Mais dès qu'on parle de pays frères, de partis frères ou de *confrérie,* on comprend que la *fraternité* ne concerne pas que les enfants d'un même lit, ni même les demi-frères issus de familles recomposées. Elle s'étend à des gens unis par des liens variables et complexes que les Grecs appelaient une phratrie. Celle-ci était une communauté de coutumes et de traditions rassemblant les membres de familles proches. Le jeune Athénien était reçu dans la phratrie quelques jours après la naissance puis, de nouveau, à sa puberté avant de devenir membre de la cité et de participer aux cultes réservés aux citoyens. Pareilles cérémonies font penser au baptême et à la confirmation qui introduisent le néophyte dans la communauté chrétienne et lui permettent de prendre part aux offices.

Le christianisme naissant ne pouvait donc utiliser un mot évoquant les religions polythéistes des cités grecques. Quand le Nouveau Testament parle de frères, il utilise le mot *adelphos* qui désignait habituellement les frères de sang mais avait déjà été utilisé par les Septante (version grecque de l'Ancien Testament) pour nommer les tribus d'Israël. De *adelphos,* dérivent *Delphes* (ville grecque) et les mots français *dauphin* et *Dauphiné* (la province du Dauphin).

Adelphos est composé de *delphus* (« matrice ») et du préfixe grec *a* généralement interprété dans un sens copulatif mais qui pourrait aussi avoir un sens privatif (ce préfixe correspond aux prépositions latines *ad* et *ab*). Les frères sont à la fois issus du même sein et se succèdent à la mamelle. Ce terme contient donc en lui-même toutes les contradictions de la complicité et de la rivalité fraternelles, de l'amour et de la haine que se vouent ceux qui partagent la même mère.

Adelphos figure trois cent quarante-trois fois dans le Nouveau Testament (et *adelphè,* la sœur, vingt-six fois seulement) : le christianisme est bien la religion des frères, enfants de Dieu le Père et, ajoutera-t-on plus tard, de la sainte mère, l'Église. La famille spirituelle, jusque-là centrée sur la cité antique, s'ouvre à la communauté universelle (« catholique ») en reconnaissant un même Père, selon la formule de Bossuet : « Dieu a établi la fraternité des hommes en les faisant tous naître d'un seul. »

La Révolution française chercha à synthétiser ces deux composantes de la fraternité en s'ouvrant aux valeurs universelles tout en exaltant l'appartenance à la patrie, héritière de la cité.

La Constitution du 3 septembre 1791, qui supprimait la reconnaissance des vœux religieux, établit des fêtes nationales pour « entretenir la fraternité entre les citoyens et les attacher à la Constitution, à la Patrie et aux Lois ». La Constitution du 4 novembre 1848 parla du devoir « d'assistance fraternelle » envers les citoyens nécessiteux et donna à la République pour principes la Liberté, l'Égalité et la Fraternité. Cette trinité républicaine fut célébrée par les loges maçonniques, et défendue, à la Chambre des députés, par une branche du Grand Orient, la *Fraternelle* parlementaire.

Au XXe siècle, les liens fraternels atteignent un sommet d'intensité dramatique avec la fraternité d'armes, exaltée par les anciens combattants des guerres mondiales. Mais ils sont aussi remis en cause par les mouvements féministes qui ont du mal à faire admettre le néologisme « sororie ». Pour satisfaire les religieuses, l'Église catholique a donc remplacé la prière de l'*Orate fratres* (« Priez mes frères ») par une formule plus neutre : « Prions ensemble. » Ainsi a-t-on fait évoluer les liens spirituels vers la mixité des frères et sœurs.

Mais il existe au moins un pays, la Chine, où il n'y a plus ni frères ni sœurs dans la plupart des familles. La politique de l'enfant unique a déjà produit trois cents millions de « petits soleils », astres solitaires du foyer, rejetons sélectionnés de la patrie. Puissent-ils nouer des liens fraternels avec leurs treize cents millions de compatriotes.

Et puissent tous les humains transformer la planète en une immense « *philadelphie* », une terre d'« amitié fraternelle ».

Génération

Qu'est-ce qu'une génération (anglais *generation,* allemand *Generation,* espagnol *generación,* italien *generazione,* portugais *geraçâo*) ? La génération est dans le temps ce qu'est la *nation* dans l'espace : « La possession en commun d'un riche legs de souvenirs... le désir de vivre ensemble... la volonté de faire valoir l'héritage qu'on a reçu indivis. » Ce qu'écrivait Renan de la nation vaut pour la génération. Les deux mots viennent d'ailleurs de la même racine indo-européenne *gen* exprimant l'idée de *naître* ou d'*engendrer.*

Nation renvoie plutôt, via le latin *nasci,* à la première de ces idées et génération, via le latin *generare,* à la seconde. Engendrer a un sens actif et l'acte majeur de la vie, le plus *généreux,* est de susciter une nouvelle génération. Naître revêt une forme grammaticale tantôt active (en français), tantôt passive (*to be born* en anglais), tantôt « moyenne » (en grec ou en latin) à l'image du fœtus qui cherche à sortir du ventre de sa mère tout en étant expulsé par les contractions : le bébé est à la fois actif et « agi ».

Cette ambivalence se retrouve tout au long de la vie : une génération est-elle maîtresse de son avenir ou esclave de son destin ? Y a-t-il une réponse *générale* aux attentes des *congénères* ? Ou doit-on affirmer la primauté du *génie* sur la foule des braves *gens* ? La question du *genre* est-elle primordiale ou doit-on tenir le masculin et le féminin pour les *ingénieux* discriminants d'un sexisme inavoué ?

Une génération est-elle marquée par des événements connus de tous (une guerre mondiale, Mai 68, etc.) ou chacun de ses membres est-il déterminé par son milieu et sa *naissance* ? Naître et connaître n'ont aucune origine sémantique commune et il faut essayer d'évaluer la part respective de la cellule familiale et de l'environnement social dans l'évolution d'un être, sujet au racisme latent des groupes supérieurs et au narcissisme étroit des petites différences.

De l'idéologie raciale à l'étymologie honteuse, il n'y a qu'un pas et nous sommes ici au cœur du vocabulaire indo-européen, « indo-germanique », comme disaient les théoriciens allemands. Car la racine *gen* a fourni le sanscrit *jati* (« naissance », d'où « caste »), l'anglais *kin* (« parenté »), et *kind* (« espèce »), l'allemand *Kind* (« enfant »), l'anglais *king* et l'allemand *König* (« bien né », d'où « roi »). Qu'il s'agisse de groupe social ou de sang royal, la position hiérarchique* est fonction de la naissance. La génération est ici la reproduction des écarts et non le partage des valeurs.

Au temps des bons sauvages, on considérait

comme des *indigènes* les autochtones de pays pauvres, proches de l'état de *nature*. Mais la science ne permettait guère de préciser ce qu'il y avait dans ces fameux *gènes* qui suscitaient tantôt des *gentils hommes* tantôt des *dégénérés*.

La *génétique* moderne fournit ces redoutables précisions. Par une regrettable confusion entre le *génital* et le *génial*, des Prix Nobel américains ont fourni leur sperme pour fabriquer des petits d'homme ingénieux. La sélection et la manipulation des semences permettra-t-elle de fabriquer des humains *génétiquement* modifiés ? Autrefois, on se dotait de faux quartiers de noblesse ou d'ancêtres mythiques, on s'inventait une *généalogie* prestigieuse : Jésus était dit « fils » du roi David et Bouddha fils du « roi » Shuddhodana. Aujourd'hui, on se cherche plutôt une descendance miraculeuse, un enfant parfait semblable aux dieux du stade ou un *gendre* idéal, pareil aux stars de la télévision.

Certes, toute génération a besoin d'exemples à suivre, voire de modèles à imiter. Mais la compétition exacerbée, scolaire ou sportive, médicalement dopée et intellectuellement gavée, risque bien de *générer* l'illusion du surhomme et le dressage de l'étalon.

La reconnaissance sociale et familiale est faite moins de performances que d'accomplissements, moins d'effets voyants que de gestes intimes. Le *genou* est relié à la génération parce qu'à Rome (comme dans l'Inde védique) un père reconnaissait un nouveau-né comme son enfant en le mettant sur ses genoux. Dans les langues sémitiques, l'*agenouillement* renvoie plutôt à la reconnaissance divine puisqu'un même mot arabe ou hébreu (*bèrèk* ou *baraka,* d'où viennent les noms propres Barak ou Moubarak) désigne le genou et la bénédiction. Les lacaniens ont beaucoup glosé sur ce « je-nous » qui est moins lié aux gènes de l'individu qu'aux relations entre personnes*.

Génocide

Peut-on nommer l'innommable ? Trois termes cherchent à le définir, trois substantifs de l'inqualifiable, trois mots de la mort : *holocauste, shoah, génocide.*

Holocauste est issu, via le latin *holocaustum,* du grec *holokaustôma* signifiant « sacrifice ». Celui-ci concernait un animal qui était « entièrement » *(holos)* « brûlé » *(kaustos)* et devait être un mâle sans défaut. Un tel mot semble malvenu pour désigner le massacre d'hommes, de femmes et d'enfants. De plus, si l'holocauste est composé de victimes immolées à un dieu pour attirer des bienfaits sur l'humanité, il ne saurait s'appliquer à une extermination profane n'ayant causé que des malheurs.

Pourtant, dès 1958, François Mauriac parlait

d'holocauste à propos du meurtre collectif des juifs par les nazis. Ce terme est d'ailleurs toujours utilisé, en anglais *(holocaust)*, par la communauté juive américaine. À Jérusalem, le mémorial des six millions de victimes juives du nazisme (Yad Vashem) comporte un monument, un musée historique et un musée d'art de l'holocauste.

En France, le film de Claude Lanzmann (1984) a popularisé le mot hébreu de *Shoah* qui, selon le cinéaste, rend compte du caractère spécifiquement juif de ce désastre et historiquement unique de ce massacre.

Shoah appartient au vocabulaire météorologique et désigne un cataclysme, orage ou tempête, ayant laissé des traces profondes : destruction, désolation, dévastation, désertification. Le mot est utilisé une douzaine de fois par la Bible, notamment pour exprimer la misère du monde ressentie par Job (30, 3 et 14 et 38, 27) et le désastre promis par Dieu aux ennemis de David (Psaumes 35, 8 et 63, 10).

Si l'holocauste est sacrifice, la shoah est châtiment, qu'il s'agisse de la ruine de Babylone ou de celle du Temple de Jérusalem. Dès lors, le risque est grand de faire du crime nazi la conséquence du « péché » d'Israël et de voir en un acte si cruel la volonté de Dieu. Cette interprétation serait pourtant celle des « prophètes du malheur » bibliques qui ont toujours vu dans les « brûlures de l'histoire » une foudre divine et dans les défaites nationales la rançon d'une faute.

Le mot shoah est mieux justifié si on lui rend

son sens premier, géographique et non historique : il s'agit d'un cataclysme précédé de nuages annonciateurs, la « solution finale » étant le tragique aboutissement d'un demi-siècle d'antisémitisme* forcené. La shoah illustrerait alors cette formule de Shakespeare : « Un ciel si sombre ne s'éclaircira pas sans une tempête. » L'éclaircie fut la fondation de l'État d'Israël, elle-même suivie d'autres orages.

Si la shoah est unique ou, du moins, concerne uniquement les juifs (le massacre de centaines de milliers de Juifs par les Romains constituait déjà une extermination, dix-neuf siècles avant les nazis), il vaut mieux choisir un terme plus général pour les autres massacres, celui de génocide (espagnol, italien et portugais *genocidio*, anglais *genocide*).

C'est un hybride de grec et de latin. Le suffixe *cide* vient du latin *caedere* (« abattre en coupant ») d'où sont issus des mots aussi différents que *césure, incisive, décision, précision, concision, occire* et *suicide. Caedere* appartient au vocabulaire horticole et indique le fait de tailler des arbres : couper des branches, une tête ou un mot, il s'agit toujours d'enlever quelque chose ou quelqu'un perçu comme étant de trop. Et le langage fasciste parle souvent de couper les « branches pourries » d'un peuple par un sanglant élagage.

Mais quel est donc ce *génos* à trucider ? Dans la Grèce antique, *génos* désignait un petit groupe humain, unité sociale de base, regroupant tous ceux qui avaient un ancêtre commun. Ce terme est issu d'une racine indo-européenne *gen* exprimant l'idée de naissance. Cette racine est largement représentée en sanskrit où *janatâ* désigne le peuple, *jâti* la naissance ou la caste et *jâtaka*, la Nativité du Bouddha et le recueil légendaire de ses vies antérieures.

Cette racine (voir génération*) a également fourni, via le grec, les mots *genèse*, *généalogie* et *génétique* et, via le latin, *genre*, *gens*, *génie*, *génital*, etc. Mais le brassage des populations a multiplié les métissages et les génocides touchent, en fait, des personnes qui ne sont plus reliées par la naissance. Lorsque ce mot a été inventé, en 1944, par l'Américain d'origine polonaise Lemkin, il visait l'extermination d'individus très divers. Paradoxalement, ce serait céder à l'idéologie raciale des nazis que de voir dans un peuple (les Tziganes) ou une religion (la communauté juive) un ensemble *homogène*, comme si les mariages mixtes n'avaient pas existé.

Aujourd'hui, on parle de génocide à propos de massacres commis pour des motifs ethniques (Rwanda), religieux (ex-Yougoslavie) ou politiques (Cambodge). D'Hitler à Pol Pot, le nuancier des massacres est infini mais la désolation reste la même. Aucun mot ne peut précisément nommer ce qui relève d'une haine confuse, qu'on l'appelle holocauste, shoah ou génocide. On pourra juste opposer aux variantes du meurtre collectif cette bienveillante humanité que Paul Éluard appelle « la foule immense où l'homme est un ami ».

Gouvernement

D'Edward Heath à Gaston Defferre et à Michel Rocard, nombreux furent les hommes politiques à pratiquer la voile. Il n'est pas inutile aux *gouvernants* de tenir le *gouvernail* : ils y apprennent l'art de prendre le bon vent, d'affronter les tempêtes et de réagir quand ils sont au creux de la vague, exclus du gouvernement (italien et portugais *governo*, espagnol *gobierno*, anglais *government*).

Les Romains, grands marins, l'avaient déjà noté. Ils ont donc emprunté le verbe *gubernare* (d'où vient le français *gouverner*) au vocabulaire nautique. Le *gouverneur* (*gubernator*) fut d'abord un timonier avant de devenir le pilote de l'État. Deux mille ans plus tard, en 1974, un candidat à la présidence de la République prenait pour slogan : « Giscard à la barre. »

Gubernare avait été emprunté au grec *Kubernan* qui possédait le même sens naval mais exprimait parfois l'idée plus terrestre de conduire un char. Le « char de l'État » se situe aussi dans cette logique de pilotage qui exige audace et adresse, ruse et prudence.

La *cybernétique* était alors l'art de piloter un navire ou de gouverner les hommes. Elle est devenue, dans le monde moderne, une science de la communication et de la régulation des êtres vivants et des machines. On peut certes discuter cette vision d'une mécanique humaine qui évoque une programmation voire une manipulation de la pensée.

Mais il n'est pas douteux que l'art de gouverner s'inscrit dans une dynamique du vivant qui oppose les forces d'inertie aux éléments déchaînés. Le parcours le plus sûr n'est pas le plus court : il faut louvoyer pour éviter les vents contraires, sentir l'air du temps ou les idées à la mode et, surtout, ne jamais ramer à contre-courant. Le jour où les navigateurs ont su utiliser les vents de mousson au lieu de se battre contre eux, ils ont relié Rome à la Chine.

Divers types de navigation sont possibles. Il y a les hommes des tempêtes tels Churchill ou de Gaulle et les « barreurs de petit temps » comme se définissait Michel Rocard. L'important est d'arriver à bon port c'est-à-dire au terme d'un mandat, là où débute la traversée du désert.

Grâce

Le beau et le bon ne font-ils qu'un comme le pensait Platon ? Ou faut-il, avec les Pères du désert, opposer la bonté de Dieu à la beauté* du diable ? Tel est le problème de la grâce (espagnol *gracia,* italien *grazia,* portugais *graça,* anglais *grace*) dans son double sens esthétique et théologique.

Cette ambivalence était déjà présente dans la racine indo-européenne *gratu* indiquant le fait de louer ou de célébrer quelqu'un. On la retrouve dans l'avestique *garo* désignant un chant de louanges : dans la religion zoroastrienne, le *garônmâna* est la « Demeure du chant », paradis du dieu Ahura-Mazda et séjour éternel des justes.

En latin, *gratus* possède un double sens actif et passif : ce mot désigne celui qui accueille ou est accueilli avec faveur, qui reçoit ou réserve du plaisir. Car l'*agrément* de la grâce (*gratia*) implique une réciprocité : il faut donner de bon cœur et prendre avec reconnaissance. La *gratuité* exprime ce bonheur de donner sans esprit de retour, puisqu'on offre pour remercier.

Ce service *gratuit* est aussi un calcul complexe où entrent des notions extra-économiques, des bienfaits immatériels, des sensations *agréables* qui justifient un tel cadeau : le remerciement est un remboursement sans lequel on serait un *ingrat*. Dieu a besoin des hommes pour exister. Il donne sa grâce en échange de la *gratitude* de ses créatures (la prière d'action de grâces) comme un bénévole prête son concours à titre *gracieux* parce que le désintéressement financier lui procure des satisfactions morales qui valent bien un salaire : il s'attire des compliments et on le *congratule.*

Cette réciprocité non monétaire est déjà présente dans le culte des trois *Grâces* romaines

(Aglaé, Euphrosyne, Thalie) : au lieu de vendre leurs charmes, elles font don de leur beauté aux dieux et aux humains qui ne cessent de les célébrer, notamment au cours de banquets qu'elles agrémentent de leurs chants. Cette ambiance de fête se retrouve dans la Cène chrétienne, l'eucharistie qui procure la grâce (en grec, *charis*) de Dieu. Parce qu'il comporte de nombreuses invitations, le festin est le lieu privilégié du don et l'invité qui ne vient pas à la noce tombera en *disgrâce,* « jeté dans les ténèbres du dehors » (Matthieu 22, 13).

Malgré les agitations de la vie, chacun est convié à demander grâce à Dieu, un pouvoir que celui-ci partage avec les chefs d'État investis du privilège de remettre les peines. Le souverain est réputé indulgent et la reine d'Angleterre doit à cette miséricorde supposée (elle a naguère laissé pendre de nombreux condamnés) d'être appelée *gracious queen.*

Hiérarchie

Pour que chacun reste à sa place, il faut savoir obéir à ses supérieurs, et commander à ses subordonnés, contrairement au mécanisme décrit par Michel Crozier dans *Le Phénomène bureaucratique* :

chaque échelon cherche à supplanter son supérieur immédiat et à écraser son voisin d'en bas. Or, l'échelle de commandement suppose une parfaite continuité pour être gravie aisément par promotion sociale et une totale stabilité pour servir de relais sûr aux ordres venus d'en haut.

Et ils viennent de très loin. Si les ordres ne grimpent pas jusqu'au Ciel, le pouvoir y accède et ne sait plus comment en redescendre, sinon en rêve. La distance entre la base et le sommet donne le vertige et il faut des relais pour enrayer la chute : des divinités mineures, des demi-dieux secondaires, une troupe de génies et de démons qui servent de cadres moyens aux relations entre simples sujets et êtres prestigieux. Ces niveaux intermédiaires portent un nom biblique : les anges. Et la Genèse (28, 10-15) nous les montre en train de monter et de descendre sur une échelle pour établir le contact entre le Seigneur Dieu et Jacob, gardien de chèvres.

Comme les envoyés du Grand Inca transmettaient ses ordres en arpentant à pied la cordillère des Andes, les anges de Dieu délivraient ses messages en descendant auprès des hommes aux moments clés de la Révélation. Le christianisme primitif donna un statut à ces relayeurs en créant le mot grec de *hiérarchia* ou pouvoir (*archè*) du sacré (*hiéros*). Ce néologisme était une inversion d'*archiéreus,* titre du grand prêtre juif dans le Temple de Jérusalem. Passé dans le latin ecclésiastique, *hiérarchia* a fourni le français hiérarchie, l'anglais *hierarchy,* l'allemand *Hierarchie,* l'espagnol *jerarquía,* l'italien *gerarchia* et le portugais *hierarquia.*

La théologie chrétienne inventa un système ingénieux de maintien de l'ordre : sur la terre comme au ciel existaient neuf niveaux de pouvoir et degrés de prestige. Au ciel, de haut en bas, siégeaient les séraphins, chérubins et trônes, les dominations, vertus et puissances ainsi que les principautés, *archanges* et anges. Sur terre, on distinguait le pape, les évêques et les prêtres, les diacres et sous-diacres, les exorcistes, acolytes, lecteurs et portiers. Bossuet glorifiait cette « sainte subordination des puissances ecclésiastiques, image des célestes hiérarchies » *(Oraison funèbre de Michel Le Tellier).*

Cette double hiérarchie céleste et terrestre n'est pas une exclusivité du christianisme. En Chine, le taoïsme élabora un système comparable : l'empereur de Jade, souverain du Ciel, siégeait entouré de ses ministres et hauts fonctionnaires divins rangés par ordre d'importance. Et l'empereur de Pékin, maître de l'empire du Milieu, trônait entouré des correspondants terrestres de ces hauts personnages.

Les ministres divins étaient notés : en cas de mauvaise récolte, le ministre-dieu de l'agriculture se trouvait rétrogradé et son temple déserté tandis que son homologue terrestre était congédié par l'empereur de Pékin. Pour obtenir un avantage, les sujets devaient s'adresser aux deux hiérarchies : pour un dégrèvement fiscal, on faisait une offrande au temple du ministre céleste des finances et une autre au ministre terrestre : un billet de banque brûlé pour le premier (la fumée montait au Ciel) et non brûlé pour le second. Le sacro-saint pouvoir sanctifiait la corruption.

Le sacré rejoint ici le honteux en tant que pratique inavouable comme aux temps antiques où les servantes d'un dieu *(hiérodules)* étaient prostituées du temple. La sacralisation du pouvoir implique une discrétion sur son comportement : « Le prestige ne peut aller sans mystère car on révère peu ce que l'on connaît trop bien », écrivait le général de Gaulle dans *Le Fil de l'épée*. Cette pénombre de cathédrale protège le système *hiérarchique*, né des chœurs d'anges, esprits du Mal autant que du Bien.

Et la notion de pouvoir est aussi ambiguë que celle de sacré. Le nom *archè*, que l'on retrouve dans *monarchie, archevêque, archétype, patriarche* ou *oligarchie*, vient du verbe grec *archeïn* signifiant commander ou commencer. Comme le latin *primus* indique une primauté dans l'espace ou le temps (un prince ou un printemps), le grec *archè* sert à désigner le commandement ou le commencement : les premiers mots de la Genèse (en latin *in principio*, en grec en *archè*) peuvent donc se traduire par « au commencement » ou « à son commandement » (Dieu dit...).

Le pouvoir suprême est donc primitif. Il risque de virer à l'*archaïsme* quand il se combine au sacré. En Égypte, l'écriture *hiéroglyphique* ou *hiératique*, celle des prêtres, était la plus ancienne et elle opposa une longue résistance à l'émergence de l'écriture administrative simplifiée, dite démotique, qui permettait à un plus grand nombre d'accéder au savoir. Pour résister aux pouvoirs rivaux ou aux menées rebelles, une hiérarchie tend à se figer en faisant valoir son fonctionnement séculaire et ses services éprouvés.

La sacralisation du commandement traverse donc les âges et fait prendre les ordres du pouvoir pour les Tables de la Loi. Elle a ses justifications pratiques : le contraire de la hiérarchie c'est l'*anarchie* et l'on redoute autant le désordre établi que la violence légale ou les vacances de succession que les héritiers abusifs. L'usage profane du mot hiérarchie date d'ailleurs de la fin du XVIIIe siècle, au moment où la perte d'influence du clergé et le mécontentement du peuple exigeaient que l'on sacralisât les autorités administratives ou politiques.

Mais celles-ci sont aujourd'hui atteintes par la révolution technologique qui raccourcit les chaînes de commandement et supprime les cadres de terrain. Entre la « base » et le sommet, il n'y a plus ces niveaux moyens, semblables aux étages intermédiaires où se tenaient les acolytes du bon Dieu, les anges de la hiérarchie, que Jacob vit en songe sur une échelle.

Histoire

Ce qui est vu et su forme l'Histoire (anglais *History*, espagnol *Historia*, italien *Storia*, portugais *História*). Le mot est emprunté au grec *Historia*, nom féminin désignant un travail de recherche, d'exploration, d'information, puis le résultat de ce travail et, enfin, sa relation verbale ou écrite. Après un long voyage au Proche-Orient, Hérodote fonda la discipline *historique* en donnant, pour la première fois, son sens actuel au mot Histoire dès la première ligne de son célèbre ouvrage *(L'Enquête)* : « Hérodote d'Halicarnasse présente ici les résultats de son enquête (*historia*) afin que le temps n'abolisse pas les travaux des hommes et que les grands exploits accomplis soit par les Grecs, soit par les Barbares, ne tombent pas dans l'oubli. »

Historia dérive de *istor* désignant le témoin, celui qui sait pour avoir *vu*, nom formé sur *oïda*, parfait archaïque du verbe *ideïn* : il faut d'abord *voir* pour savoir, se faire une idée de quelque chose que la seule connaissance théorique ne saurait appréhender. La *vue* est ici préférée à l'ouïe car l'écoute peut confondre la rumeur avec les faits.

Tous ces termes sont issus d'une même racine

indo-européenne *weid* qui exprime une vision donnant une connaissance. En dérive le sanskrit *veda* (« je sais ») désignant les livres sacrés de la religion *védique* : la révélation divine est à la fois une *vision* surnaturelle est une connaissance profonde, une vue de l'esprit et un savoir sacré.

Par le grec *oïda*, la racine *weid* a fourni les mots *idée* (image mentale), *idole* (image d'une divinité) et *idylle* (petit poème grec d'amour décrivant des images du corps et de la nature). Via le latin *videre* (« voir »), les dérivés modernes sont fort nombreux : *visage, visée, visite, évidence* (vue de loin), *envie* (vue hostile, cf. le « mauvais œil »), *providence* (vue favorable), *pourvoir* (voir dans un but), *prévoyance* (vue anticipée), *prudence* (vue sage), *proviseur* (celui qui *pourvoit*), *improvisé* (parce que *imprévu*), etc.

Un détour par le germanique *witan* (savoir) a donné le mot *guide* (d'où dérive *guidon*), profession où le savoir *visuel* est primordial. Enfin la racine *weid* a fourni les mots anglais *wise* (sage pour avoir vu et su) et *witness* (témoignage, toujours oculaire à l'origine). Les langues latines et germaniques fournissent donc des mots associant le fait de voir et de savoir comme si un aveugle était forcément ignorant. Le personnage d'Homère, réputé non-*voyant*, n'en est que plus énigmatique.

Le passage d'Homère à Hérodote est d'ailleurs celui de la transmission orale à l'information visuelle, de la mémoire héroïque à l'enquête impartiale (en principe), du mythe à l'Histoire. Il serait toutefois simpliste d'opposer l'œil à l'oreille pour faire du nerf optique l'unique canal historique. Saint Luc essaya donc de relier vision et oralité (la première précédant la seconde) en écrivant que les évangélistes ont puisé leurs sources « d'après ce que nous ont transmis ceux qui furent dès le début témoins oculaires et qui sont devenus serviteurs de la parole » (Luc 1, 2). Mais cette vue « parlante » de la vie de Jésus engendre parfois l'incrédulité tant les Évangiles, même synoptiques (« vus ensemble », expression concernant les récits de Matthieu, Marc et Luc, relativement proches), comportent d'invraisemblances et de contradictions.

Faut-il alors associer aux premières écritures les débuts de l'Histoire ? Celle-ci commencerait vers 3200 avant J.-C. en Mésopotamie et... on ne sait quand pour les dernières tribus amazoniennes où personne ne sait encore écrire. Un tel critère semble trop rigide, d'autant que l'écrit peut engendrer une Histoire embellie ou légende, mot signifiant « ce qui doit être lu ».

L'Histoire est plutôt constituée de versions vérifiées, de récits recoupés, d'enquêtes reprises et d'arguments réfutés. Un second voyage modifie la première impression, un deuxième auteur se démarque de son prédécesseur, un nouveau témoin contredit le précédent : l'*historien* est un tiers qui arbitre les idées des hommes et les visions du monde. C'est le troisième œil des nations sages et le *réviseur* des idées fausses. Les techniques modernes de l'image et du son lui donnent un moyen pratique de vérifier les faits et de confronter les sources : l'*interview*.

Homme

L'homme est-il un fruit de la terre ou le produit de la pensée ?

Les langues hésitent entre ces deux origines. Le français homme, l'espagnol *hombre,* l'italien *uomo* et le portugais *homem* se rattachent au latin *homo,* lui-même dérivé de *humus* (« terre ») : l'homme est terrestre par opposition aux dieux qui sont célestes. Mais l'anglais *man* et l'allemand *Mann* sont issus d'une racine indo-européenne *men* exprimant les mouvements de l'esprit (voir mémoire*). Elle a notamment fourni le nom du premier homme mythique de l'hindouisme, *Manu,* homologue indien d'Adam.

Le nom d'Adam est lui-même issu d'une racine sémitique indiquant le roux ou le rouge, couleur de la terre, voire du sang. Adam signifie donc « terre rouge » et André Chouraqui, dans sa traduction de la Bible, l'appelle « le Glébeux ».

Homme et *humus* viennent aussi d'une racine (indo-européenne) *ghem* ou *khem* désignant la terre. Elle a fourni le mot grec *chtôn* (« terre ») : les divinités *chtoniennes* viennent des profondeurs de la terre et sont donc « infernales », c'est-à-dire inférieures par leur localisation. La terre retrouve ici sa double position symbolique vis-à-vis de l'homme : elle l'engendre en tant que Terre Mère, elle l'abrite en tant que dernière demeure lorsqu'il est *inhumé*.

Dans une civilisation agricole, l'homme vit à ras de terre, *humblement* voire *humilié* lorsque carrosses et cavaliers croisent ce « bouseux ». On retrouve probablement le même sens (et la même racine) dans l'anglais *groom* désignant le valet, le garçon d'écurie puis le chasseur d'hôtel qui a troqué le plancher des vaches pour le pavé des villes.

Curieusement, l'adjectif *humain* n'est pas directement issu du nom homme même si le sens s'y rapporte : les mots latins *humanus* et *homo* sont probablement liés pas des connexions lointaines relatives à la terre mais *humanus* a très tôt désigné l'homme policé, civilisé, bienveillant, et le développement actuel de l'*humanitaire* (un mot qui ne date que du XIXe siècle) correspond bien à ce souci de l'humain digne d'attention et source de sentiments.

La dimension terrienne, rurale de l'homme s'estompe encore avec la notion d'*humanisme* née à la Renaissance et s'appliquant à des lettrés versés dans les langues anciennes, ces *humanités* qui sont, aujourd'hui, en voie de disparition.

L'opposition terrestre-céleste se retrouve toutefois lorsque l'humanisme désigne, au XIXe siècle, une philanthropie voire une doctrine sociale athée illustrée par le titre même du quotidien socialiste (devenu communiste) *L'Humanité*.

Reste le « phallocentrisme » de cette terminologie. Certes, en latin, *homo* désigne non pas le mâle (vir, cf. viril et vertu*) mais le genre humain. Mais en français comme en anglais (*manhood*), une seule racine, voire un seul terme, nomme l'ensemble des humains et sa petite moitié de sexe masculin : l'humanité comprend les femmes alors que la féminité n'a rien à voir (en principe) avec le « sexe fort ».

Au Moyen Âge, le mot humanité désignait même les parties sexuelles de l'homme et Rabelais appelait le pénis « petite humanité ». Le double arrière-plan terrestre et masculin de l'homme peut sembler archaïque lorsqu'on inclut dans le genre humain des citadines qui n'ont jamais manié la charrue et ne renient pas leur sexe. Qu'est-ce que l'homme quand il englobe des hôtesses de l'air ? Voilà ce que l'histoire des mots ne saurait nous dire, ce qui n'empêche nullement de rendre *hommage* aux femmes.

Humour

Quoi de commun entre l'humour, l'*humeur* et l'*humide* ? Humour (anglais *humour*, allemand *Humor*, espagnol et portugais *humor* et italien *umorismo*) a été repris au XVIIIe siècle à l'anglais *humour*, lui-même emprunté au vieux français *humeur*. L'humour est une disposition à la gaieté, à la « bonne humeur » tandis que l'humeur est plutôt mauvaise, proche de l'irritation.

Humeur vient du latin *humor* désignant l'élément liquide, l'*humidité*. Le « h » s'explique probablement par une étymologie populaire rapprochant *humor* de *humus*, la terre (voir homme*). La médecine antique avait déjà noté que le corps est essentiellement composé de liquides comme le sang, les larmes, la sueur, la bile, la salive, le sperme...

Hippocrate avait perfectionné l'*humorisme*, une théorie des *humeurs* dont les déséquilibres expliquaient les maladies. Nous parlons encore d'un tempérament sanguin, bilieux, flegmatique ou lymphatique par référence à cette classification un peu simpliste, liée aux faibles connaissances anatomiques de l'époque : Galien, disciple d'Hippocrate, attribuait (comme la médecine chinoise) une faculté procréatrice aux sécrétions vaginales.

Malgré leurs variations pathologiques, les humeurs sont vitales. La sécheresse de cœur, de ton ou de style est donc négative et montre que l'on n'est pas un « bon vivant » : le dernier geste pour maintenir la vie n'est-il pas d'*humecter* les lèvres du mourant ?

Mais les humeurs renvoient aux muqueuses, notamment génitales. L'ascétisme bouddhique a donc développé une phobie de l'humide, de cette soif (*trishnâ*) qui fait saliver de plaisir mais suscitera les larmes du malheur. Les écoulements, même involontaires, sont des souillures morales : les pollutions nocturnes des moines sont des traces du désir, cause de douleur, et les règles des femmes des sources de vie, facteur de souffrance.

Si l'humour noir est vœu de mort, petit meurtre en parole pour se libérer de la haine, les *humoristes* dégagent pourtant une joie contagieuse qui n'a rien d'immorale. Comme antidote à la mélancolie (un excès de bile noir), l'humour est aussi une excrétion du mal de vivre, une expulsion de nos peines selon la formule de Haydn : « De mes grandes douleurs, je fais de petites chansons. »

Hypocrite

Le théâtre est un musée du mot (voir personne*), un conservatoire du sens, révélateur de nombreux malentendus dans les sociétés dépourvues d'arts du spectacle. C'est ainsi qu'hypocrite (anglais *hypocrite*, espagnol et portugais *hipócrita*, italien *ipocrita*) a pu acquérir un sens péjoratif dont il était à l'origine dépourvu.

Au départ, il y a une racine indo-européenne *ker* indiquant le fait de trancher les objets ou les idées. En dérivent, notamment, les mots français *court*, *chair* et *cuir* (ce qu'on découpe), *crise* (elle tranche dans le vif), *crime* (le passage à l'acte est un raccourci), *décret*, *critère*, *critérium*, etc. Le vocabulaire de l'action comprend de très nombreux termes liés à l'activité de séparation qui, depuis les premiers silex tranchants jusqu'à la découpe au laser, a jalonné les progrès de l'humanité.

En grec, le *kritès* était un juge, arbitre prenant une *décision* et apte à *discerner* avec *certitude* et sans *discrimination*. C'était aussi (surtout avec le préfixe *upo* marquant le fait de descendre au plus profond de soi-même) l'interprète d'un songe, celui qui faisait sortir la réponse de ses entrailles en tranchant entre les diverses solutions possibles. De l'interprète on est passé à l'acteur jouant un rôle, au comédien sur scène ou dans la vie. *L'upokritès* possédait l'art de la dissimulation sans lequel il n'y a plus rien à « jouer ».

Les Juifs, qui détestaient le théâtre « païen », ont donc fait de ce professionnel du spectacle un hypocrite au sens moral du terme et la Bible des Septante oppose ce fourbe à l'homme juste. Le pauvre Job sur son tas de fumier dit que les hypocrites termineront leur vie comme prostitués sacrés (Job 36, 14).

Jésus se déchaîne contre les hypocrites alors que saint Paul, s'adressant à une population hellénisée appréciant les acteurs, ne les critique jamais. Ces personnages fourbes sont assimilés aux scribes et aux pharisiens, accusés d'être de faux dévots, ancêtres de Tartuffe dont le masque de vertu cache les vices profonds. Dix-sept fois Jésus lance l'anathème contre les hypocrites qui doivent leur triste réputation à cette condamnation évangélique.

L'ennemi juré des hypocrites est l'évangéliste Matthieu (treize condamnations), ce publicain qui pèche ouvertement et collecte l'impôt pour l'ennemi romain. L'exégèse moderne a montré que les pharisiens n'étaient pas si condamnables et que la colère du Christ devait ou aurait dû s'appliquer moins à un groupe religieux précis qu'à un comportement social universel.

Comme la personne* se compose un visage, l'hypocrite se fabrique un alibi parce que la franchise ne paie pas. Tout accusé a le droit de masquer son crime comme tout amoureux de cacher sa flamme.

Le faible prix du parler vrai donne des vertus politiques à l'hypocrisie qui retrouve son sens littéral d'« en deçà de la crise », de gestion prudente des conflits, de prévention des catastrophes. Au panthéon des hypocrites, si l'on en croit les récits de la Passion, Judas mérite la première place, lui qui joue au bon disciple pour mieux trahir son maître et fait condamner un homme pour satisfaire un peuple.

Il reste une catégorie très particulière d'hypocrites : les psychanalystes, qui se gardent bien de dire la vérité à leurs patients par crainte des interprétations prématurées, irrecevables par un moi meurtri. Ces interprètes des songes, archéologues de l'inconscient, renouent avec l'antique métier de l'hypocrite, devin des malheurs et sphinx de l'énigme.

Islam

Jérusalem, Salomon, islam et *musulman* sont quatre mots de même racine et leur communauté radiculaire est à l'image de l'inextricable conflit opposant Israéliens et Palestiniens, deux peuples de même souche (voir Israël* et Palestine*).

La racine sémitique est formée des trois consonnes « s, l, m » que l'on retrouve dans l'hébreu *shalom* exprimant les vœux de paix. En arabe, vocalisée islam, elle peut signifier « soumission » ou « résignation » et certains auteurs y ont vu abusivement l'indice d'un fatalisme des musulmans.

En réalité, cette racine, attestée dans la plupart des langues sémitiques, du phénicien à l'araméen et du nabatéen à l'éthiopien, possède une signification très étendue alliant bien-être matériel, sécurité affective et plénitude spirituelle. Comme dans le français « salut » ou le latin *vale* (« portetoi bien »), *shalom* comporte un souhait de joyeuse santé* excluant misère, angoisse et révolte. Santé et sainteté sont ici deux armes antistress qui donnent aux expressions issues de cette racine une dimension religieuse voire mystique.

Jérusalem était la fondation (*éru* ou *uru,* mot peut-être relié à une racine sumérienne désignant la ville et que l'on retrouve dans *Ur* et *Uruk,* cités mésopotamiennes) du dieu *Salem,* divinité cananéenne de la paix. Depuis la prise de cette cité par le roi David, elle a pourtant connu trois mille ans de guerre qui en font la ville la moins pacifique du monde.

Salomon (en hébreu *Shlomo,* en arabe *Suleiman*) était « l'homme de paix », titre bien mérité grâce à ses sept cents mariages avec des princesses (I Rois 11, 3) qui permirent à ce gendre idéal de vivre en paix avec sept cents puissants beaux-pères, du pharaon d'Égypte au roi de Tyr. Malheureusement, il voulut construire un temple et un palais qui ruinèrent le trésor public et déclenchèrent des émeutes (I Rois 11, 27). Ce Temple, dont il ne resterait que quelques pierres sur le mur occidental (dit des Lamentations), est l'un des enjeux majeurs de la guerre entre juifs et musulmans à propos de la souveraineté sur la Ville sainte.

Cette guerre sainte dans une ville de paix n'était pas forcément illogique à une époque où le sang de l'Alliance offrait la paix divine. Vocalisée *shelem,* la racine « s, l, m » a pu signifier « rétribution » ou « sacrifice » et être associée à l'idée d'holocauste par le prophète Ezéchiel ou à celle d'action de grâces par les livres du Lévitique et des Nombres. La guerre sainte serait alors un retour du refoulé sous la forme de sacrifices humains (les martyrs de la foi), une victoire de l'archaïsme où chaque enfant mort représenterait Isaac ou Ismaël avant qu'Abraham ne le remplaçât par un bélier.

Islam est issu de la même racine via le verbe arabe *aslama* exprimant l'idée de soumettre tandis que musulman vient de l'arabe *muslim* signifiant « celui qui s'est soumis ». Il peut s'agir d'une soumission à un pouvoir humain ou d'un abandon à la loi divine. Cette abdication de la volonté propre supprime le conflit intérieur comme la résignation devant la puissance occupante met fin à la colère populaire.

Les guerres coloniales ont montré combien la « pacification » d'un pays exigeait de sang versé pour un prix factice. Et les musulmans de Jérusalem ont appris à prêcher la guerre sainte dans la ville de la paix parce que la soumission à la force armée n'était plus tolérable.

Qu'on l'appelle irénisme ou non-violence, le refus de la guerre pour régler les conflits religieux se heurte donc à l'ambiguïté même de cette paix où il n'y a pas de soumission à un dieu sans rébellion contre des hommes. Cela n'est pas propre à une confession et que l'on adore Jésus, Jéhovah ou Vishnou, toutes les guerres de religion sont d'une chronicité désespérante comme si l'Éternel voulait une guerre sans fin.

Salomon le sage avait déjà noté cette répétition sous la plume de l'Ecclésiaste (3, 5 et 8) : « Il y a un temps pour jeter des pierres et un temps pour les amasser... un temps pour faire la guerre et un temps pour signer la paix. »

Israël

Un nom d'origine aléatoire, un État au destin problématique, telle est l'histoire d'Israël. La Bible s'exprime ainsi : « On ne t'appellera plus Jacob mais Israël, car tu as lutté avec Dieu et avec les hommes et tu l'as emporté » (Genèse 32, 29).

Une exégèse patriotique explique l'actuelle

puissance de l'armée *israélienne* par cet antique verset faisant allusion au combat de Jacob avec un personnage que le récit de la Genèse appelle tantôt « homme » (verset 25), tantôt « Dieu » (verset 29) et que le prophète Osée (12, 5) nomme « ange ». Nul ne sait avec ou contre qui Israël-Jacob a combattu ni si ce mystérieux combattant était son adversaire implacable ou son partenaire amoureux. Car une étymologie mystique fait d'Israël l'ami ou l'amant *(réa)* de Dieu *(El)*, fort de son appui et de son amour.

Israël peut s'expliquer par la racine sémitique « s, r, h » (« combattre », « lutter ») ou, éventuellement, par la racine « s, r, r » (« régner », « gouverner »). Dans ce dernier cas, Israël voudrait dire non pas « Fort contre Dieu » ou « Fort avec Dieu » mais « Règne de Dieu » ou « Que Dieu règne(sur nous) ». La seule certitude est que ce combat ou ce règne d'Israël n'a rien à voir avec l'histoire de son demi-frère Ismaël, ancêtre mythique des musulmans : le conflit israélo-arabe n'a aucun fondement biblique.

Le sens de *El* n'est pas plus clair. *El* est une désinence masculine commune à toutes les langues sémitiques et servait à distinguer des objets ou des personnes évoquant le sexe masculin : bélier, pilier, arbre (à la forme phallique), force, puissance, divinité (cf. *Allah*), etc. En tant qu'idéal viril, *El* était un dieu cananéen ityphallique, « dont le membre s'allonge comme la mer », vénéré notamment à Ugarit, la « cité aux mille dieux » du IIe millénaire avant J.-C.

Dans l'Ancien Testament, *El* n'a pas de féminin. Le monothéisme est au moins autant affaire de genre que de nombre : les déesses n'existent plus. Curieusement, le nom de Dieu *(Elohim)* est au pluriel et André Chouraqui, dans sa traduction de la Bible, évoque « les » Elohim et non le Dieu Elohim. *El* apparaît alors comme le principe hénothéiste, l'Un rassembleur, le singulier collectif qui transforme le multiple parcellaire en unité fédératrice, un peu comme la grammaire accorde au singulier des verbes évoquant un grand nombre de personnes réunies (la foule des fidèles remplit l'église).

Et des douze tribus d'Israël, le Dieu Un fit un État unique au destin éphémère. Dans l'Antiquité, il n'y eut un seul royaume d'Israël que pendant un petit siècle correspondant aux règnes de Saül, David et Salomon, tout en sachant que les deux premiers de ces règnes sont peut-être semi-légendaires.

À la fin du règne de Salomon, une révolte populaire coupa le royaume en deux parties (Israël et Juda) et il fallut attendre 1948 après J.-C., soit près de trois mille ans, pour que soit recréé un État d'Israël. Celui-ci, après la guerre des Six Jours de 1967, occupa le territoire de Juda dont le nom avait failli être donné, en 1948, au nouvel État. L'Israël moderne durera-t-il plus que l'Israël antique ? Telle est la question majeure pour un État qui est la patrie du Dieu unique et le théâtre de guerres saintes.

Jeune

Une communauté de mots peut masquer des différences de sens. Jeune (anglais *young*, allemand *jung*, espagnol *joven*, italien *giovane*, portugais *jovem*) est issu, via le latin *juvenis*, d'une racine indo-européenne *yuwen* exprimant l'idée de *jeunesse*. Elle a fourni le sanskrit *yuvan* désignant un jeune adulte du vivant de son aîné : le *yuvarâja* était le prince héritier, fils du petit roi (râja) ou du « grand roi » (mahârâja). Le jeune a déjà grandi mais pas encore vieilli et assure la transmission du nom et des biens de la famille surtout s'il est garçon. Car, dans l'hindouisme, seul le fils (ou le brahmane en cas d'absence de fils) peut sauver des enfers sa famille en procédant aux rites de crémation.

En latin, le *juvenis* était donc la force de l'âge, entre vingt et quarante ans, en cette longue période qui suit l'adolescence et précède la sénescence. Notre opposition entre jeunes et adultes n'avait alors aucun sens. Mais au temps de Rabelais, ce jeune homme se serait appelé adolescent* même s'il avait trente ans. Aucune définition de la jeunesse n'est donc universelle.

Junon, déesse des femmes en âge d'accoucher, devait probablement son nom à sa jeunesse et le mois de *juin* lui est dédié : c'est la période de la nature féconde, entre le printemps et l'été de la vie ou de l'année. Plus jeune est la *génisse*, vache qui n'a pas encore vêlé. Plus tardive est la cure de *jouvence*, moyen de *rajeunir*.

Si les *juniors* de nos clubs sportifs, placés entre les cadets et les seniors, ont de dix-sept à dix-neuf ans, les *juniores* romains, citoyens mobilisables, avaient de dix-sept à quarante-cinq ans. Ils correspondaient assez bien à nos poilus de la IIIe République* et certains grisonnaient. La fin de la conscription a supprimé cette longue période de la vie, où se côtoyaient bacheliers et jeunes grands-pères, distingués par le grade et non par l'âge. C'est dans cette tranche d'âge que l'on fauchait une belle jeunesse au nom de la patrie, en ce temps de violences *juvéniles* où chacun avait le droit de tuer et le devoir de mourir.

Juif

Une majuscule peut changer le sens d'un mot. Écrit avec une minuscule, juif désigne, comme chrétien ou musulman, l'adepte d'une religion. Avec une majuscule, un Juif fait partie d'un peuple, comme un Français ou un Allemand.

Ce double sens est d'autant plus surprenant que l'écriture hébraïque, comme tous les alphabets antiques, ignore les minuscules : elles n'apparaissent, en grec, qu'au IXe siècle de notre ère. Dans la Bible, hébraïque ou grecque, il n'y avait que des lettres capitales et il était donc impossible, par ce seul artifice, de distinguer le peuple juif de la religion *juive*.

Juif (anglais *jew*, allemand *Jude*, espagnol *judío*, portugais *judeo*) vient, via le latin *iudaeus*, du grec *ioudaïos*, lui-même issu de l'araméen *yehudai* correspondant à l'hébreu *yehudi*. Celui-ci est dérivé de *Yehudah (Juda)*, nom d'un des douze fils de Jacob qui servit d'ancêtre à l'une des douze tribus d'Israël*. Celle-ci habitait un territoire correspondant à la partie sud de la *Judée*, comprise entre Bethléem et Hébron. Curieusement, c'est aujourd'hui une région palestinienne où les affrontements avec les juifs ont été particulièrement violents.

D'après la Bible (Genèse 49, 6), Yehudah vient de la racine sémitique « y, d, h », signifiant « louer », « prier », dont le sens premier est... jeter des pierres. En période d'intifada, cette signification mérite une explication : professer une doctrine ou confesser une religion, c'était, avec le réalisme des langues sémitiques, pointer du doigt le chemin à suivre (la Torah est une directive et une direction) comme on lance un objet pour atteindre un objectif.

L'Exode d'Égypte (XIIIe siècle avant J.-C.) a enfanté les Hébreux (aujourd'hui encore l'italien appelle *ebreo* un juif) et l'Exil à Babylone (586 avant J.-C.) les juifs, ainsi nommés parce que la plupart de ces déportés étaient issus du royaume de Juda, plus vaste que l'ancienne tribu du même nom. La notion de *judaïsme* (en grec, *ioudaïsmos*) apparaît au IIe siècle avant J.-C. lors de l'affrontement avec les notables hellénisés raconté dans les livres des Maccabées. Car les mots de l'identité nationale et religieuse surgissent lors de guerres où se disputent les frontières et se durcissent les croyances.

Au temps de Jésus, un juif s'oppose à un Samaritain ou à un « Grec ». Si le « Grec » se distingue facilement (c'est un incirconcis), le Samaritain, issu d'un métissage entre Assyriens et Hébreux au VIIe siècle avant J.-C., est plutôt un juif non orthodoxe qui ne reconnaît comme sacrés que les cinq premiers livres de la Bible (le Pentateuque) et inverse l'ordre des deux premiers des Dix Commandements (« Tu n'auras pas d'autres dieux face à moi » précède « C'est moi le Seigneur ton Dieu qui t'ai fait sortir d'Égypte, de la maison de servitude »). Jésus rendit un bel hommage à ces juifs différents avec sa parabole du bon Samaritain secourant un blessé de la route.

L'expulsion des juifs de Jérusalem par les Romains (135 ap. J.-C.) et leur dispersion (diaspora) à travers tout le bassin méditerranéen multiplia les occasions de mariages mixtes et d'évolution de l'identité juive. À partir du Moyen Âge, les ashkénazes d'Europe centrale se distinguent des sépharades d'Afrique du Nord : le judaïsme connaît une diversité culturelle s'ajoutant à une dispersion géographique. Les juifs insistent sur leur intégration dans chaque pays et ne souhaitent pas apparaître comme un peuple à part.

Le 2 novembre 1917, lord Balfour, ministre britannique des affaires étrangères, accepte l'établissement en Palestine d'un « Foyer national pour le peuple juif ». Le 14 mai 1948, David Ben Gourion proclame l'indépendance de l'État d'Israël*. Le peuple juif a donc un État dont les lois font souvent référence à la religion juive et dont les terres sont réservées aux juifs. Il est alors difficile de séparer le peuple de la religion, du moins tant qu'Israël n'est pas doté d'une Constitution laïque. Quant aux juifs de la diaspora, certains insistent sur le judaïsme de leur religion et d'autres sur la *judéité* de leur filiation. Il est donc possible d'écrire, selon le contexte, le mot Juif avec ou sans majuscule.

Laïcité

C'est un concept typiquement français, difficile à traduire dans d'autres langues. En anglais, on le rend généralement par *secularism* ou *secularity*, la notion de « séculier » *(secular)* faisant référence au siècle, ce temps où s'écoule la vie profane, celle qui n'est pas éternelle.

C'est aussi un mot dont les origines viriles et militaires ont précédé la dimension religieuse. Laïcité vient du grec *laos* désignant la foule des guerriers ou des hommes conduits par un chef, soldat ou berger. Attesté dès l'époque mycénienne sous la forme *lawos*, ce mot se distingue de *dèmos* qui nomme le peuple sur un territoire (voir démocratie*).

Ce deux termes correspondent à une différence entre pasteurs et cultivateurs, semi-nomades et sédentaires : le *laos* est un peuple en marche et le *dèmos* un peuple installé. Le Nouveau Testament, bien peu « démocrate », utilise 4 fois *dèmos* et 142 fois *laos*, mot qui définit le groupe suivant le bon berger (Jésus) mais aussi la foule rassemblée derrière les « chefs du peuple », ces Anciens qui condamnèrent le Christ.

Laos a fourni un dérivé grec, *leitourgia*, désignant le service du peuple ou service public (c'est encore son sens en grec moderne) et, par extension, le service du culte : paradoxalement, puisque les cités grecques n'étaient pas du tout « *laïques* », les cultes officiels relevaient du service de l'État, cette *liturgie* que la langue de l'Église utilisa pour nommer le service de l'autel. En réintroduisant les *laïcs* dans le chœur jusque-là réservé aux prêtres, le concile Vatican II renoua avec ces origines non cléricales de la liturgie.

En latin ecclésiastique, *laïcus* désigna un non-clerc, un homme du peuple ignorant le latin ou, curieusement, un non-militaire. Ce mot passa dans les diverses langues latines, mais c'est en français qu'il connut l'emploi le plus fréquent. Au Moyen Âge, le frère *lai* était un assistant religieux (frère convers) n'ayant pas accédé aux grades ecclésiastiques. Le laïc était le non-clerc et cet adjectif substantivé, orthographié laïque, fut repris, au XIXe siècle, par les penseurs agnostiques pour désigner tout ce qui échappait à l'emprise de l'Église catholique. À l'époque de Littré, la laïcité fut comprise comme une séparation entre la religion, relevant de la vie privée, et les institutions publiques, indépendantes de toute Église. L'école laïque représente cet idéal de séparation entre croyances personnelles et enseignement collectif même si la neutralité officielle se doubla parfois d'un anticléricalisme virulent.

La laïcité « à la française », différente de l'athéisme militant, inspira plusieurs Constitutions, notamment celles du Mexique (1917) luttant contre l'influence de l'Église catholique, de la Turquie de Mustapha Kemal (1924) rejetant l'emprise de l'islam sur la société et de l'Inde (1950) mettant hors la loi (du moins officiellement) le régime des castes. Dans ce dernier pays, la laïcité renoua avec l'origine militaire de *laos* et fut d'une grande utilité à l'armée indienne en lui permettant d'intégrer des soldats de toutes castes, y compris les plus hautes et les plus basses qui, auparavant, ne se mélangeaient jamais. Dans une société hétérogène, la laïcité est nécessaire à l'amalgame.

La notion de laïcité peut d'ailleurs s'appliquer à des systèmes religieux très différents. En l'an

2000, le gouvernement israélien a essayé de promulguer une Constitution laïque pour combattre l'ingérence des juifs orthodoxes dans les affaires de l'État.

Le recul des confessions dominantes dans les sociétés multiculturelles donne une nouvelle signification à la laïcité. Il s'agit, pour l'État, de se tenir à égale distance d'une religion ancestrale et de cultes importés. Cette laïcité moderne défend la neutralité au nom du pluralisme, la manifestation ostensible de croyances contradictoires risquant de fragmenter l'unité républicaine en chapelles ennemies.

Lumière

Le mot lumière (anglais *light,* allemand *Licht,* espagnol *luz,* italien *luce,* portugais *luz*) issu, via le latin *lux,* de la racine indo-européenne *leuk,* a toujours étroitement mêlé physique et métaphysique : il est donc logique que la pile électrique ait été inventée (en 1800, par Volta) à l'issue du siècle des Lumières qui favorisa l'éclairage scientifique.

La racine *leuk* désigne une lumière indifférente à l'alternance jour-nuit. Elle a fourni le latin *luna* (« la *Lumineuse* ») d'où dérivent les mots français *lune, lundi* (« jour de la lune »), *lunette* (en forme de « petite lune ») et *lunatique* (« qui vit dans la lune »).

De *leuk* dérivent les deux mots latins *lux* (« lumière ») et *lumen* (« moyen d'éclairage »). Leur sens s'est parfois confondu et se retrouve dans d'innombrables dérivés français au sens souvent métaphorique tels que *lumineux, illuminer* et *élucider, allumer* et *enluminer, luisant* et *reluisant*, etc. L'anglais *light* et l'allemand *Licht* sont aussi employés au sens propre ou figuré.

Leuk a encore fourni le latin *lustrare* (« éclairer ») qui, selon Benveniste contredisant Ernout et Meillet, ne forme qu'un seul verbe avec *lustrare* (« purifier ») : le glissement de sens s'expliquerait par des cérémonies de purification (« *lustrales* ») se déroulant à la fin du recensement des citoyens (à la clôture du « *lustre* ») et à l'aube (*prima luce*) du jour. Le mot français *illustre* renvoie incontestablement à l'idée de personnages lumineux, parfois d'esprits éclairés, toujours de personnalités brillantes placées sous le feu des médias ou dans le halo de l'histoire.

L'*élucubration* (du latin (*lucubrare,* « travailler à la *lueur* de la lampe », avec le préfixe privatif *ex*) émane, au contraire, d'un esprit peu éclairé. La *luzerne* (plante à l'aspect brillant comme un *luzerno,* mot provençal désignant un vers luisant) et la *lucarne* dérivent toutes deux du latin *lucerna* (« lampe »).

La racine *leuk* se retrouve aussi dans le grec *leukos* (« blanc », couleur lumineuse) qui a une riche postérité médicale avec les *leucocytes* (globules blancs) et la *leucémie* (prolifération de globules blancs) sans oublier, en onomastique, la ville de Port-*Leucate*.

Enfin, *leuk,* comme *dei* (voir dieu*), a servi à désigner des dieux lumineux. *Lugh* était le dieu solaire celte. Il a légué son nom aux villes de *Laon, Loudun, Leyde* (Pays-Bas) et *Lyon* (du latin *Ludgunum,* « forteresse du dieu *Lugh* »).

Beaucoup plus étonnante est l'histoire de *Lucifer* le « porte-lumière » (du latin *lux* = lumière et *ferre* = porter). Son équivalent grec est Phôsphoros (*phos* = lumière, *phériïn* = porter, d'où vient le mot français phosphore), nom donné par les Grecs à la planète Vénus (considérée comme l'étoile du matin) ainsi qu'à la déesse Artémis d'Éphèse. La Vierge Marie ayant succédé à cette dernière dans le sanctuaire d'Asie Mineure, elle hérita logiquement du titre de Stella matutina. Mais la version latine de la Bible (la Vulgate de saint Jérôme) donne le nom de Lucifer à... Jésus-Christ, le « porte-lumière qui se lève dans nos cœurs » (II Pierre 1, 19), un peu comme Jean Genet appelle Divine un beau bagnard qu'il compare à Lucifer.

Or, la même Vulgate appliquait le nom de Lucifer à un « Astre brillant, fils de l'aurore, tombé du ciel » (Isaïe 14, 12), allégorie du roi de Babylone, oppresseur des Juifs. À partir du ve siècle, les Pères de l'Église nommèrent Satan Lucifer, l'ange déchu par le Très-Haut : le prince des Ténèbres devint ainsi porte-lumière. Qu'un même symbole lumineux puisse s'attacher à Dieu et au diable représente un héritage confus de la religion iranienne qui porta à son paroxysme le dualisme des ténèbres et de la lumière symbolisé par Ahriman et son frère jumeau Ohrmazd (nom contracté d'Ahura Mazda). Durant leur exil à Babylone, les Juifs avaient été fortement influencés par ce monothéisme dualiste qui marqua profondément la secte des esséniens et le christianisme naissant. C'est ainsi que brûlent une flamme permanente dans les temples du feu zoroastriens et un cierge pascal dans les églises chrétiennes.

Lucifer fut aussi le nom d'un évêque italien intégriste, envoyé du pape Libère au concile de Milan de 355, qui s'opposa aux mesures d'apaisement prises par l'empereur Constance à l'égard des « hérétiques » ariens. Plus papiste que le pape et plus impérialiste que l'empereur, l'intransigeant Lucifer et ses disciples *lucifériens* se firent de véhéments défenseurs d'un Christ pleinement Dieu.

Plus douce fut la jeune *Lucie* dont le nom (comme celui de *Lucien*) est probablement dérivé de *lux* même s'il a parfois été rattaché à *lucius* (= brochet). Vierge et martyre (morte en 303), cette enfant de Syracuse avait demandé à sainte Agathe de guérir sa mère d'un « flux de sang » incurable et aurait obtenu la grâce de garder sa virginité avant de mourir martyrisée. En Scandinavie, la Sainte-Lucie, fêtée le 13 décembre, à l'approche du solstice d'hiver et de la nuit boréale, est devenue une fête de la lumière durant laquelle les jeunes filles apportent aux parents le petit déjeuner au lit avec des bougies *allumées*. Les Prix Nobel bénéficient aujourd'hui de ce bed and breakfast éclairé le jour où est récompensée leur lumineuse intelligence.

Martyr

Un témoin est-il coupable ? Tel est le problème posé par ce mot du vocabulaire juridique. En grec classique, *martus* désignait le témoin, celui qui avait vu quelque chose et en attestait la réalité devant les dieux et les hommes. Deux mille cinq cents ans plus tard, dans la plupart des pays, le témoin jure toujours en prêtant serment pour qu'on accorde une valeur sacrée à sa parole.

Et si le témoin mentait ? Et s'il prêtait serment au nom d'autorités non reconnues pour des faits non avérés ? Il serait coupable de faux témoignage, délit sanctionné par tous les codes pénaux du monde. C'est ce qui se produisit voici deux mille ans et transforma chaque témoin du Christ en martyr (espagnol et portugais *mártir*, italien *martire*, anglais martyr, allemand *Märtyrer*).

Jésus fut condamné par l'assemblée du Sanhédrin en raison des accusations de faux témoins, des « pseudo-martyrs », selon le Nouveau Testament (Marc, 14, 56) La scène se répéta pour Étienne, un chrétien hellénisé, premier martyr de l'Église, lapidé par les juifs de Jérusalem avec l'approbation de Saül, le futur saint Paul, pas encore converti sur le chemin de Damas (Actes des apôtres 8, 1). D'autres persécutions suivirent et le livre de l'Apocalypse ainsi que l'évangile de Jean (8, 44) qualifièrent, bien à tort, les juifs de fils de Satan. Les témoins du Christ devinrent ainsi les martyrs d'un pouvoir diabolisé.

Les mêmes drames se reproduisirent à l'initiative du pouvoir impérial, dans Rome, la « grande prostituée » (Apocalypse 17, 1), qui deviendra ville sainte lorsque, à partir des empereurs Constantin et Théodose, le christianisme devint religion officielle. Alors s'intensifia le culte des martyrs et leurs reliques furent vénérées en divers lieux comme en ce « mont des martyrs » que les Parisiens appellent *Montmartre*.

Ces témoins fidèles faisaient oublier les faiblesses des nombreux relaps ayant abjuré leur foi. Ils donnaient un sens séculaire et planétaire à la mort d'un obscur prédicateur de Palestine. C'est par eux que le christianisme devint religion universelle et le Christ premier martyr d'un long *martyrologe*. Tel le passage du témoin dans une course de relais, le *martyre* fut le moyen de transmission de la foi dans la course à la couronne de gloire dont parle saint Paul (Hébreux 2, 7).

Deux millénaires plus tard, les martyrs ont parfois changé de camp : ils sont islamistes en butte au « grand Satan » américain ou au « petit Satan » israélien et les jardins d'Allah sont promis à ces « témoins de la foi » comme le Paradis de Dieu aux chrétiens du Colisée.

Ceux-ci ont eu leurs successeurs avec des prêtres, pasteurs ou catéchumènes mis à mort pour avoir annoncé ou embrassé une foi contraire aux mœurs locales. Était-ce persécution ou légitime défense que de s'opposer au dieu du colonisateur ? L'alliance du sabre et du goupillon, du missionnaire et de la canonnière devait se terminer en bains de sang diversement interprétés. Aux yeux du pouvoir indigène comment distinguer une religion universelle du parti de l'étranger ? Pour les Chinois, comment dissocier les martyrs chrétiens des trafiquants d'opium qui débarquaient des mêmes bateaux ?

Comme son ennemi qualifie un résistant de terroriste, le martyr d'une cause devient traître à sa patrie et la persévérance dans la foi acharnement dans l'erreur. Mais que la foi demeure discrètement vécue et nul dommage ne s'ensuit : le martyre commence avec la vérité proclamée. Sa victime passe du statut de témoin à celui de coupable.

Ce glissement mortel n'est pas étranger à la procédure judiciaire où le « témoin assisté » est un suspect en puissance et où le témoignage est à la fois sollicité et découragé. Le témoin d'un meurtre a souvent intérêt à se taire en raison des possibles représailles mais aussi du soupçon frappant celui qui a vu et ne saurait être totalement extérieur à l'événement qu'il côtoie. Il suffit de fermer les yeux pour éviter le martyre et refuser son témoignage pour couper court au procès, qu'il s'agisse de la Passion du Christ ou des ennuis du voisin, de la corruption en politique ou du dopage dans le sport. La meilleure définition du martyr profane a été donnée par Guy Béart : « Le coureur a dit la vérité, il doit être exécuté. »

Médecine

Médecine (italien, espagnol et portugais *medicina,* anglais *medicine,* allemand *Medizin*) est issue du latin *medeor* signifiant « donner ses soins ». La forme déponente du verbe (le déponent latin est à peu près l'équivalent du moyen grec ou du réfléchi français) indique une action dont le sujet est aussi l'objet : prendre soin des autres, c'est aussi se soigner soi-même comme en témoignent tant de vocations médicales nées des maladies du futur thérapeute ou de ses proches.

De médecin dérivent *médicament* et *remède,* ce dernier ayant le préfixe latin *re* qui désigne une répétition, le retour à un état antérieur sous forme de restitution de l'intégrité initiale ou de destruction des progrès accomplis. C'est toute l'ambiguïté du remède qui veut effacer la progression de la maladie et renouer avec la santé antérieure au risque d'épuiser l'organisme par les effets secondaires de son principe actif.

Toute potion est poison à certaines doses et le médicament n'a de valeur que par sa posologie. La médecine est d'ailleurs une science de la mesure longuement apprise tout au long des interminables études *médicales*. *Medeor* vient d'une racine indo-européenne *men* exprimant l'idée de réfléchir, de peser le pour et le contre, de juger sagement, de gouverner avec mesure. On sait combien les *médecins* furent nombreux parmi les élus locaux ou nationaux : celui qui a pour tâche de soigner des individus peut prendre soin de la collectivité sans rien commettre d'*irrémédiable*.

Le fréquentatif (verbe marquant la répétition) de *medeor* est *meditor* d'où viennent les verbes français *méditer* et *préméditer*. De *medeor* dérive aussi *modus*, désignant la mesure, d'où sont issus des mots français tels que *modem* (appareil adaptant l'ordinateur aux mesures du téléphone), *modique, modéré, modulé, accommodé, incommodé, moderne* (à la mesure du temps présent), *comme* (à la mesure d'un autre élément), *commode* (de bonne mesure), *modifié* (réglé selon une mesure), *moule* et *modèle* (deux éléments de mesure), *moyeu* (le petit élément d'une roue) et *modestie* (le petit rayonnement d'une ambition).

Médecine

La mesure est ici moins affaire de dimension exacte que d'attitude conforme à une situation, de comportement proportionné à un usage. Elle est ordre de grandeur et non étalonnement précis. Et l'on retrouve les problèmes de la médecine qui se veut rigoureuse sans se prétendre science exacte, a recours à des examens minutieux malgré des constantes biologiques éminemment variables. On parlait naguère du médecin comme d'un homme de l'art et il y avait une corporation des artistes vétérinaires. On laissera donc ouverte la question de savoir si guérir est une science ou un art.

On tiendra, par contre, pour un acquis de la *modernité* que la médecine succède à la religion comme discipline de la vie bien réglée. Là où, pour vaincre le péché, les prêtres prêchaient la mesure dans l'usage des plaisirs, les médecins recommandent la même tempérance pour éviter le cancer, la cirrhose, l'obésité, les pathologies cardio-vasculaires ou les maladies sexuellement transmissibles. C'est ainsi que les hommes en blanc se substituent aux hommes en noir pour nous inviter à la *modération*.

Mère

Pourquoi relier mère et *matière* ? Via le latin *mater* et *materies*, les deux mots sont étroitement apparentés. Ils sont issus d'une racine représentée dans toutes les langues indo-européennes (italien et espagnol *madre*, portugais *mãe*, anglais *mother*, allemand *Mutter*), de l'arménien au sanskrit et de l'irlandais au vieux slave. Pareille unanimité exige une explication d'autant que *mater* désignait primitivement le tronc de l'arbre par où monte la sève alimentant les branches comme une mère nourrissant ses petits.

On peut remarquer qu'en latin les noms d'arbres sont féminins. Mais ce genre paraît choisi arbitrairement : le chêne avec ses glands offre une image masculine. Et la sève peut évoquer le sperme du père autant que le lait de la mère. De même, pourquoi faire de la partie centrale de l'arbre, son « âme », le symbole de la matière ? Pourquoi pas la roche ou le métal ?

Il s'agit, en fait, d'un *matériau* vivant, croissant, « animé » (voir âme*) : *materies* est du genre féminin et non du neutre. L'arbre est sujet autant qu'objet. En arboriculture, on appelle d'ailleurs sujet un arbre qui subit une greffe. L'arbre mort est souvent comparé à un squelette et il sert, comme ce dernier, aux datations scientifiques par le carbone 14.

La matière n'est donc pas systématiquement à opposer à l'humain ou à l'esprit. Dans une société animiste, elle pouvait avoir des pouvoirs spirituels, à l'exemple des séquoias géants vénérés par les Indiens d'Amérique. Elle peut être envisagée, selon la pensée de Teilhard de Chardin, comme le vecteur animé d'un projet humanisant voire divinisant la « sainte matière » de la « messe sur le monde », le socle dur des constructions de l'esprit.

De même, le *matriciel* n'est pas uniquement charnel. Les débats sur le statut de l'embryon montrent que celui-ci, aussi *matériel* soit-il, est, sinon une personne en devenir, du moins un être vivant en gestation qu'on ne saurait réduire à un agrégat de molécules.

Les mots issus de mère s'appliquent souvent à des êtres plus qu'à des choses : les affaires du mariage sont dites *matrimoniales* alors que celles de l'argent sont patrimoniales. La *matricule* était, en bas latin (*matricula*), une liste de pauvres secourus par l'Église ou de clercs payés par elle : notre « sainte mère l'Église » avait un rôle nourricier à leur égard.

Reste le couple parrain-*marraine* qui, au Moyen Âge, se nommait compère (« père avec »)-*commère* (« mère avec »). Il s'agissait d'un second père et d'une seconde mère qui se substituaient aux premiers en cas de décès de ceux-ci, à l'image du *patrinus* latin, oncle paternel. La marraine, comme le parrain, fut progressivement exemptée de tout devoir matériel pour se consacre à son rôle religieux auprès du filleul baptisé.

L'idée d'une *maternité* spirituelle est capitale dans l'histoire des religions. Elle a contribué à la victoire du christianisme face à des cultes, comme celui de Mithra, réservés aux hommes. En exaltant vierges et veuves et en leur attribuant un rôle majeur dans la transmission orale de la foi, l'Église primitive a considéré que la femme sans mari avait à remplir une fonction relevant moins du ventre que de sa voix dont la tessiture est celle de l'enfant.

Ministre

Il semble aberrant qu'un homme important soit inférieur. C'est pourtant la définition du ministre et la désaffection pour ce métier est liée à cette contradiction.

Le français ministre, l'anglais et allemand *Minister*, l'italien, l'espagnol et le portugais *ministro* viennent du latin *minister*, lui-même dérivé de *minus*, comparatif signifiant « moins ». Comme le *mineur* est moins qu'un majeur, le ministre est moins que son maître. Cette notion d'infériorité se retrouve dans de nombreux composés de *minus* comme *mince*, *menu*, *diminué*, *minute* (petite durée), *minutie* (le soin des petites choses), etc. Le ministre antique était un subordonné et quand saint Paul se dit ministre de la Parole, il se veut serviteur de l'Église. Le *ministère* de Dieu était le service divin et une contamination entre *minister* et *mysterium* (mystère) engendra le mot *métier*, qui, progressivement, prit un sens profane.

Dans le domaine *administratif*, les ministres étaient des agents de rang variable et les ministères des services *ministériels* souvent confiés à d'anciens esclaves affranchis. L'*administration* jouait ainsi un rôle de promotion sociale. Le ministre était alors à l'opposé du magistrat antique dont le nom même (*magister* dérive de *major*, comparatif de supériorité) indiquait le rôle éminent qui s'étendait bien au-delà du domaine judiciaire. L'un était un employé de bureau et l'autre un dirigeant public. Le pouvoir exécutif était alors cantonné à des tâches d'exécution et subordonné aux élus du peuple puis au pouvoir impérial. Dans les républiques modernes, il en est théoriquement de même puisque les ministres n'ont pas, en principe, de pouvoir réglementaire propre (celui-ci appartient, en France, au premier ministre et au président de la République). L'actuelle crise du pouvoir politique jointe à l'inflation du droit pénal aboutit à réduire encore le prestige des ministres et à accroître celui des magistrats.

L'infériorité de l'*administrateur* antique était souvent soulignée par sa castration* : il ne pouvait ni dérober les femmes du roi, ni engendrer un rival du prince héritier, ni transmettre à des enfants le produit de ses éventuelles malversations.

Le langage diplomatique a gardé la trace de l'infériorité ministérielle avec le ministre conseiller qui est l'adjoint de l'ambassadeur tandis que le ministre plénipotentiaire, malgré son titre ronflant, n'est qu'un subordonné du ministre des affaires étrangères. Quant au ministère public de la justice, son lieu d'exercice (le « parquet ») n'est pas des plus élevés et sa subordination au garde des Sceaux ou, du moins au parquet général, oblige ses membres à une certaine forme d'obéissance.

Le titre de ministre est donc, comme la livrée dorée du laquais, l'accessoire prestigieux d'une fonction astreignante. Être ministre, c'est avoir l'apparence du pouvoir et la réalité de ses contraintes. Pourquoi sont-ils donc si nombreux à se mettre en piste à chaque remaniement ministériel ? Parce qu'être ministre, même pour huit jours, c'est en garder le titre pour la vie et qu'on accepte bien des ennuis à Paris pour être appelé monsieur le ministre dans son village. Tous ceux qui ont connu les joies et les peines du maroquin sont unanimes : sur un curriculum, dans un dîner en ville ou aux débats télévisés, avoir été ministre, c'est toujours un plus.

Monument

Pourquoi une telle inflation de monuments ? Comme si les trente-huit mille monuments historiques français ne suffisaient pas, nous protégeons sans cesse d'autres édifices que notre époque construit pour sa gloire. Des grands travaux du « règne » mitterrandien aux palais des conseils généraux ou régionaux, partout se dresse l'abus *monumental.*

Qu'il visualise le triomphe par un arc ou pétrifie le malheur dans une tombe, le monument est un signal qui doit se voir et durer, un balisage de la mémoire dans l'espace et le temps. Le français, le roumain et l'anglais *monument,* l'italien, l'espagnol et le portugais *monumento* viennent du latin *monumentum* qui désignait un édifice commémoratif.

Ce substantif était issu du verbe *monere* exprimant le fait d'appeler l'attention de quelqu'un, de l'avertir en évoquant le passé ou en prenant à témoin le futur. En ce sens, le monument est un moniteur de souvenir, une *monition* contre l'oubli car il est un signe laissé par nos prédécesseurs et une trace pour les générations futures.

Monere est dérivé de la racine indo-européenne *men,* désignant tout phénomène de pensée. On la retrouve dans *mental, mensonge, mention, démence, commentaire*, etc. Ce qui est premier dans un monument est moins le matériau utilisé que l'intention mise en forme, la mémoire concrétisée.

Notre époque de l'éphémère est l'âge d'or des monuments qui donnent l'illusion de durer à ceux qui vont périr et ne croient pas à la vie éternelle. Les agnostiques sont de grands bâtisseurs et les fanatiques de grands destructeurs qui abattent les monuments impies pour avoir la clé du Paradis.

Le but du monument, c'est de *montrer*, de *monstrer* comme on disait au Moyen Âge, le *monstre* étant primitivement un prodige qui avertit de la volonté des dieux. Le monument exhibe du prodigieux, hors normes, hors devis si l'on songe au nombre de régimes politiques qui, du royaume de Salomon à celui de Louis II de Bavière, ont péri pour leur folie des grandeurs.

Via le grec *mnèmè* (« mémoire »), la racine *men* a aussi fourni le mot *monnaie*. Comme une monnaie garde la mémoire d'un souverain (le souverain étant lui-même une pièce d'or anglaise), le monument conserve le souvenir d'un régime. Les pays de révolutions, comme la France ou la Chine, sont donc ceux qui détruisent le plus de monuments : « du passé faisons table rase », tel était le principe des sans-culottes saccageant les châteaux et des gardes rouges ravageant les pagodes. Mais ce sont aussi ces destructeurs qui bâtissent le plus, qu'il s'agisse des châteaux républicains que sont les hôtels de ville ou des temples tibétains reconstruits à l'identique.

Monument

Dans la plupart des civilisations, des pyramides égyptiennes aux nécropoles antiques ou aux mausolées musulmans, les premiers monuments étaient funéraires. La prolifération de monuments aux morts, après la Première Guerre mondiale, témoigne de ce besoin de graver dans le marbre le souvenir des défunts. L'incinération fait disparaître les pierres tombales mais pas les monuments comme le prouvent ces millions de reliquaires que sont les stûpas bouddhistes.

De tous les monuments du monde, l'un des plus émouvants est le Yad Vashem de Jérusalem, consacré aux victimes juives du nazisme. En hébreu, *Yad* désigne tout ce qui montre une direction, la main de l'homme, la stèle (c'est un point de repère) ou le phallus (son érection est comparable à celle d'un monument). *Shem* exprime le nom et ce qu'il en reste : la réputation et le souvenir.

L'expression *Yad Vashem* se trouve dans le livre du prophète Isaïe (56, 5) : « Aux eunuques qui se tiennent dans mon alliance, je réserverai dans ma Maison, dans mes murs, une stèle porteuse du nom. Ce sera mieux que des fils ou des filles : j'y mettrai un nom perpétuel qui ne sera jamais retranché. » Ceux qui n'engendrent pas selon la chair se perpétuent dans la pierre. Petra, l'extraordinaire nécropole nabatéenne, est peut-être le meilleur exemple de ce roc monumental qui défie les siècles et garde une éternelle jeunesse aux abris millénaires des ossements desséchés.

Nation

Qu'est-ce qu'une nation ? Le fait de *naître*, répondent les langues européennes. En français (nation), anglais *(nation)*, allemand *(Nation)*, espagnol *(nación)*, italien *(nazione)* et portugais *(naçao)*, le mot nation vient du verbe latin *nasci*. Reste à savoir comment s'opère cette *naissance*. En français, naître est un verbe actif : « Les hommes naissent et demeurent libres et égaux en droit », dit la Déclaration des droits de l'homme et du citoyen de 1789. Au contraire, en allemand *(geboren werden)* et en anglais *(to be born)*, le verbe naître a une forme passive : les hommes ne naissent pas, ils sont nés ou créés. « *Men are created equal* », dit la Déclaration américaine de 1776. La théologie se conjugue ici à la linguistique : la naissance ne se prend pas, elle se reçoit d'une mère, selon la chair, et d'un père spirituel, le Créateur, qui, selon cette Déclaration, a doté les hommes de « certains droits inaliénables ».

Ce mélange d'actif et de passif se retrouve en latin où *nasci* est un déponent, c'est-à-dire un verbe de sens actif et de forme passive. Il en est de même en grec où *gignomaï* (= je nais) est un verbe moyen, l'équivalent du déponent.

Dans la naissance des nations, on tend à estomper les éléments passifs de la genèse du nouvel

État. Les Algériens mettent en avant l'activité des maquisards, quitte à « oublier » que leur indépendance est aussi le fruit d'un retrait des Français décidé par le général de Gaulle. La naissance des nations, comme celle des héros, se veut toujours très active : à peine la nation française proclamée en 1789, elle se dressa en armes pour libérer l'Europe comme, à peine Bouddha venu au monde, il se dressa sur ses pieds pour affirmer sa grandeur.

Naître debout est l'idéal des nations et des humains, ce qu'exprime bien le latin : le synonyme de *nasci* est *orii* (d'où vient le français « origine ») qui contient la double idée de naître et de se lever : l'être vivant tire son origine d'un mouvement à la fois horizontal et vertical. Il rampe dans un boyau et surgit à l'air libre comme une armée de l'ombre sort de ses souterrains pour combattre à découvert. Le moment est venu de mettre un terme à la vie intra-utérine dans les caches et les grottes, de sortir les fusils de la paille et les hommes de la boue pour défiler sous les arcs de triomphe et, bientôt, pour arpenter les allées du pouvoir. Alors, vient le temps de l'État*, avec la stabilité de ses institutions, la stature de ses grands hommes et les statuts de ses agents, quelque chose d'un peu rigide et guindé que n'avait pas encore la nation, idée trop neuve pour avoir connu le poids des honneurs et le droit aux pensions. La naissance de la nation est la *nativité* d'un peuple, un Avent de ferveur, un Noël de gloire, époque de *naïveté*, temps béni :

des *natures* généreuses pas encore empêtrées dans les affaires, engoncées dans les honneurs, entraînées dans les conflits. Les nations les mieux protégées contre les périls extérieurs seront alors les îles, qui, comme la Grande-Bretagne ou le Japon, sont entourées de mers aussi protectrices que le liquide amniotique.

La nation terrienne marque aussi une évolution par rapport à la politique originelle, cet espace clos de la *polis* grecque, citadelle entourée de murailles, enceinte d'un embryon de peuple. La nation a abaissé ses ponts-levis, démantelé ses places fortes, reçu la force tranquille des plus petits villages, recueilli les votes des moindres hameaux : ses élus font campagne.

La grammaire obstétricale est équivoque : le bébé est à la fois actif et agi, il veut sortir tout en étant expulsé du sein de sa mère. L'accouchement des nations est aussi ambigu : une nation se forge souvent dans l'activisme des armes, dans une guerre d'indépendance qui coupe le cordon d'avec l'ancienne mère patrie. Mais une nation naît aussi d'une expulsion, d'une impériale volonté de faire sortir ce rejeton trop remuant. Signer l'acte de naissance de cette jeune nation est alors une vraie délivrance.

Il faut se battre pour naître, ont dit tous les guérilleros de la terre, jeunes papas des États *nouveau-nés*. On doit avoir bien du courage pour trancher les liens de l'histoire et faire une vraie nation d'une province séparatiste. Il faut ouvrir des brèches dans la mémoire, oublier des siècles de vie commune, soumise et protégée dans la torpeur maternelle de la pax romana ou de la pax americana.

Mais il suffit de se laisser faire, répondent les experts en politiques *néonatales*. Comme un élève insupportable, un peuple agité est tôt ou tard expulsé. C'est long comme une gestation d'éléphanteau mais il faudra bien accorder l'indépendance à cause du sens de l'histoire ou par effet de lassitude. On accouchera laborieusement d'un acte de naissance et même de baptême car Dieu est fortement mis à contribution pour veiller sur la fragile nation et accueillir ses glorieux martyrs. Bien sûr, il y a des naissances prématurées, celles des nations autoproclamées qui rentreront vite dans le giron avant de ressortir ultérieurement, plus fortes et mûries par les épreuves. Il y a même les fausses couches des républiques éphémères nées le temps d'imprimer des timbres-poste, mortes le jour où il faut compter ses forces. Il y a enfin la sous-espèce des micro-États, nations de poupées malgré leurs cours souveraines, repaires de trafiquants, bastions du blanchiment : ce nanisme de la nation est peut-être la pire maladie du monde moderne car l'hygiène démocratique est sans cesse menacée par la contagion de l'argent sale.

Il n'y a pas d'accouchement sans douleur ni de naissance d'une nation sans souffrance. Il y faut les forceps de la révolte, la césarienne de la sécession et, pourtant, le jour de l'indépendance donnera lieu à des manifestations d'allégresse : ce qui fut un bain de sang devient une date magique, un jour férié de bals dans la rue où le peuple communie dans la joie des relevailles. La jeune nation reçoit alors les menus cadeaux du nouveau-né, les joujoux du pouvoir, les hochets de la grandeur : une panoplie d'ambassades, un jeu complet de décorations. Tout cela coûte cher mais on ne compte pas quand on aime remettre un ordre de l'Éléphant rose dans des salons dorés.

Puis vient le temps des maladies de la petite enfance, poussées de fièvres imprévisibles, éruptions à la moindre contrariété. La nation n'est pas encore vaccinée contre les blessures d'amour-propre ou les allergies aux moindres critiques. Il lui faut encore grandir et vieillir, être désensibilisée par une accoutumance aux propos agressifs et se doter de ces anticorps que sont les contre-pouvoirs.

La question de la nation est celle des origines, du point de départ commun qui donne envie de vivre ensemble. Groupe humain ou espèce animale, il faut marquer sa différence pour former un peuple à part comme cette nation des belettes dont parle La Fontaine. Le fabuliste retrouvait là l'un des plus vieux sens du mot *natio*, celui de portée de l'animal. *Natio* et *natura* sont longtemps restés des synonymes exprimant une idée de fertilité, la *Natio* étant la naissance divinisée.

Collectivement, la *natio* est un ensemble d'individus nés dans le même temps ou le même lieu et le latin ecclésiastique reprend ce sens collectif :

dans la Bible, la *natio* (grec *éthnos*, hébreu *gôy*) est le peuple élu de Dieu, Israël, tandis que les nations sont les autres peuples, les gentils, les païens. Le critère de la nation est la religion et s'énoncera lors de la Renaissance et de la Réforme par la formule « *cujus regio ejus religio* ». Au Moyen Âge, on parle d'une nation de marchands, confrérie qui a ses règles et traditions et s'apparente à un compagnonnage voire à une fraternité. Il est vrai que les membres de la nation étaient souvent nés dans la même région comme les drapiers des Flandres ou les soyeux du Lyonnais. De même, la nation d'étudiants groupe alors les élèves de même langue, parlant le picard, le normand ou le germanique. Les pavillons *nationaux* de la cité universitaire perpétuent aujourd'hui cet usage.

Le sens moderne du mot nation n'émerge qu'au XVIIIe siècle quand l'ensemble du tiers état acquiert le sentiment de partager les mêmes intérêts et idéaux. La nation se dresse alors contre une monarchie cosmopolite, issue de mariages avec des étrangères, dont le symbole honni est Marie-Antoinette, « l'Autrichienne ». Déjà se profile la difficile question des rapports entre la nation et l'Europe*.

Nirvâna

Voici deux mille cinq cents ans que les Indiens se demandent, en vain, ce qu'est le nirvâna et deux siècles que les Occidentaux peinent sur ce mot. L'illustre bouddhologue André Bareau a recensé une vingtaine de conceptions du nirvâna dans la seule école du Petit Véhicule (Hînayâna). Les autres branches du bouddhisme ne sont pas moins hésitantes et, au total, le nirvâna peut signifier aussi bien la négation que la plénitude de la vie.

Le préfixe *nir* étant négatif (cf. français *ne, non, ni*), les Européens ont considéré, au XIXe siècle, le nirvâna comme une aspiration au néant. Un peu comme l'apathie (« absence de sensation ») est devenue synonyme d'indolence voire d'inertie alors que, dans la philosophie grecque, elle exprimait un apprivoisement de la souffrance. On se méfie toujours des doctrines et des penseurs du refus qui n'ont pas réussi à « positiver ».

Quant à *vâna,* son sens n'est pas évident. Une étymologie populaire indienne considère le nirvâna comme un « non-désir » puisque le sanskrit *vâna* (cf. latin Vénus) exprime le fait de désirer un être ou un objet. Il s'agit, sans doute, d'une fausse piste, mais cette homophonie est riche de sens puisque, dans le bouddhisme, pour atteindre le nirvâna, il faut cesser de désirer et, donc, de se montrer insatiable et insatisfait.

Vâna vient probablement de la racine *vâ* désignant les gaz qui se répandent : souffle, vent, odeurs. *Vâyu* nomme ainsi le vent ou le dieu du vent et le nirvâna est cette absence de vent qui marque le dernier souffle de l'homme inanimé (voir âme*).

On compare souvent le nirvâna à une extinction de flamme, le terme de l'Illumination (*Bodhi*) qui avait marqué l'entrée du Bouddha dans la clairvoyance. Nirvâna désigne d'ailleurs parfois le soleil couché et, au siècle dernier, l'indianisant Émile Sénart voyait dans le Bouddha historique un mythe solaire.

Le nirvâna est alors la fraîcheur suivant la fièvre, le calme après la tempête, l'apaisement succédant à l'agitation. Il n'est pas très différent du repos éternel promis aux défunts chrétiens par la prière du *Requiem*, voire de l'endormissement ou Dormition de la Vierge, nom orthodoxe de l'Assomption.

Les principales religions indiennes (hindouisme, jaïnisme, bouddhisme) font de cette fin des souffrances la félicité suprême, préférable même à une renaissance sous forme de divinité. Le Bouddha aurait montré la voie de cette béatitude par son *parinirvâna* (« Extinction parfaite »). On le représente alors allongé sur le côté, les yeux mi-clos mais non totalement fermés comme si cet état n'était pas tout à fait celui d'un défunt. Si le nirvâna n'est pas la vie éternelle, il n'est pas non plus la mort à tout jamais.

D'ailleurs, les doctrines du Grand Véhicule (Mahâyâna) ont voulu faire précéder le nirvâna d'un stade plus positif qui, dans l'amidisme (école du Bouddha Amitâbha), se déroule dans le paradis occidental de la Terre pure de l'Ouest : on y est « bienheureux » *(sukhâvati)* au milieu des fleurs de lotus et des rivières enchantées. Toutefois, à la différence des jardins d'Allah, le paradis de l'Ouest ignore la compagnie féminine puisque aucune femme ne peut y accéder sans, au préalable, avoir bénéficié d'une renaissance en tant qu'homme. Quant au nirvâna, il récompense la fin des désirs sexuels et, donc, des chagrins d'amour.

Si notre Occident moderne s'y intéresse, c'est, notamment, parce qu'il correspond au souci antalgique de notre médecine qui veut endormir les douleurs et adoucir les souffrances. Alors que la mort du Christ fait succéder le paradis à l'agonie, la mort du Bouddha (vers quatre-vingts ans, après une indigestion) conclut une vie bien remplie par une paix éternelle. Et si Jésus invite les hommes à porter leur croix en vue du Paradis, Bouddha leur propose de calmer leurs désirs en prélude au nirvâna. Jésus exalte sa Passion, Bouddha éteint les passions.

Noël

Noël (espagnol *Navidad,* italien *Natale,* portugais *Natal*) serait le « jour de la *naissance* » (du Christ), par contraction du latin *natalis dies*. Le mot, dérivé du verbe *nasci* (« *naître* », voir nation*), serait donc issu de la racine indo-européenne *gen* exprimant l'idée d'engendrement. Mais une contraction du gaulois *noio hel* (« nouveau soleil ») est aussi possible.

Est-ce un jour ou une nuit ? L'allemand traduit Noël par « nuit sacrée » *(Weihnacht)* tandis que l'anglais *Christmas* (« messe » ou « fête » du Christ) laisse ouvertes les deux options tout comme le catholicisme qui célèbre une messe du jour le 25 décembre et une messe de minuit le 24. La même question se pose d'ailleurs pour Pâques* avec la nuit pascale et l'office du jour.

Pâques, c'est le passage de la nuit de la mort (du Christ) aux jours de la vie (éternelle). Noël, c'est le passage de la nuit de la terre (le solstice d'hiver) aux jours renaissants. Sa date est celle de la fête romaine du « Soleil invaincu » *(Sol invictus)* également appelée « Naissance invaincue », fête officialisée par l'empereur Aurélien (vers 212-275 ap. J.-C.), qui se faisait lui-même appeler Dieu invaincu.

Comme Noël marque (à quelques jours près)

la fin de l'année civile, la naissance du Christ indique la fin de l'ère « païenne ». Ce parallèle chronologique serait parfait si, précisément, l'ère chrétienne ne commençait à Noël, ancien jour de fête « païenne ». Pourquoi donc dater du 25 décembre un événement que les Évangiles ne situent pas dans l'année ?

La tradition chrétienne répond que Jésus est le « Soleil de justice » (Malachie 3, 20), équivalent du Soleil invaincu. Le bon sens pratique ajoute que, pour ne pas désorienter les Romains, il était habile de conserver un vieux jour férié en lui donnant un nouveau sens. De même, nombre de pays communistes ont gardé les congés de Noël en en faisant une fête de la famille.

De plus, si Jésus est né à Noël, il a été conçu au printemps (le 25 mars), période des fêtes antiques de la fécondité. Cette chronologie n'est pas la même que celle de Marie, réputée née un 8 septembre et donc conçue dans les froidures de décembre. Elle est aussi l'inverse de celle de Jean-Baptiste, né six mois avant Jésus, le 24 juin, au solstice d'été (dans le comput romain de l'époque). Au-delà des logiques et des symboles, l'essentiel était, pour l'année liturgique et le calendrier des réjouissances, que chaque saison ait sa fête.

Le Noël hivernal est typique de l'hémisphère Nord et des régions montagnardes ou septentrionales dans lesquelles les fêtes des bougies et de la Lumière* étaient déjà nombreuses avant l'époque chrétienne. En descendant les parallèles, ce symbolisme n'a plus de sens et le premier pays catholique du monde, les Philippines, célèbre Noël sous les douceurs des tropiques. Dans l'hémisphère Sud, la situation est carrément inversée : Noël est le jour le plus long, celui des sorties à la plage à l'ombre des cocotiers.

Il ne cesse pourtant pas d'être la fête la plus populaire, celle des enfants et de leurs innocentes croyances, dont le Père Noël est le héros. Car si la naissance du Christ s'appelle *Nativité*, ce dernier mot a un doublet : *naïveté*.

Nostalgie

Que la paternité d'un mot revienne à un patron de thèse n'est guère étonnant. Et le mot nostalgie (italien, espagnol et portugais *nostalgia*) a donc longtemps été attribué à un « homme excellentissime et très expérimenté, le seigneur Jean-Jacques Harder, professeur célèbre et sérénissime » à la faculté de médecine de Bâle.

Mais le mandarin avait dépouillé le carabin de son invention puisque ce néologisme est le titre même de la thèse en latin *(De nostalgia)* soutenue le 22 juin 1678 par un jeune médecin alsacien, Jean Hofer. Il avait formé ce nouveau mot à partir du grec *nostos* (« retour ») et *algos* (« souffrance »). La nostalgie est donc une « maladie du retour », une souffrance du passé.

Nostos est issu de *néomai* signifiant « je reviens » sain et sauf. De ce verbe vient le nom propre *Nestor*, héros qui ramène heureusement son armée. Ce groupe de mots est formé à partir d'une racine indo-européenne exprimant l'idée de Salut, d'où vient le nom sanskrit *Nâsatya*, désignant, dans la religion védique, deux cavaliers (*ashvin*) jumeaux, médecin des dieux et des hommes.

Il semble curieux d'avoir ajouté un terme évoquant la santé et le bonheur à un mot, *algos*, associé à la douleur (cf. *antalgique*, *analgésique*, etc.). Ce paradoxe peut se résumer ainsi : l'évocation douloureuse d'un passé supposé heureux est un mal qui fait du bien en aidant à supporter les difficultés de la vie présente par une idéalisation d'un jeunesse lointaine. La nostalgie est l'opium des vieux.

Et l'on est vieux très jeune quand on affronte la mort. La clientèle du docteur Hofer était composée de mercenaires suisses au service du roi de France. Face à l'angoisse du danger et aux horreurs des batailles, ils souffraient d'une névrose de guerre qui se traduisait par toutes sortes de troubles psychosomatiques et ceux-ci ne cédaient « à aucune pharmacopée ni chirurgie ». Seule les consolait l'invocation de la terre natale par les chants du pays. Alors ils fondaient en larmes et ces pleurs les guérissaient tout en les rendant inaptes au combat. Le commandement français leur interdit donc, sous peine de mort, de chanter le *Ranz des vaches*, une complainte mélancolique dédiée aux ruminants helvétiques.

Cette nostalgie d'expatriés a pour équivalents le *Heimweh* germanique, le mal du pays français, la *saudade* portugaise ou le *homesickness* britannique. En ayant quitté le monde de leur enfance et de leur adolescence, les adultes sont tous des apatrides du bonheur.

Le paradis perdu de l'enfance est, comme l'âge d'or de l'humanité, un mythe qui aide à vivre en nous obligeant à recréer un univers plus supportable. Et cette illusion a du succès comme le montre l'audience de Radio Nostalgie ou la réimpression des bandes dessinées de notre âge tendre.

La nostalgie peut aussi être paralysante quand elle pousse à condamner le progrès et à dénigrer l'invention. C'est pourquoi Michel Rivat chante : « Je n'aime pas la nostalgie. C'est une maîtresse inassouvie aux yeux trop bleus. » Mais il faut bien des yeux bleus pour éclairer une vie en noir.

Nudité

Dans la plupart des langues indo-européennes, le vocabulaire de la nudité est issu d'une même racine dont la forme exacte n'est pas facile à déterminer. Le français *nu*, l'anglais *naked*, l'allemand *nackt*, l'espagnol *desnudo*, l'italien *nudo*, et le portugais *nu*, le russe *nagoi* et le sanskrit *nagna* sont étroitement apparentés.

Dans sa version latine, *nudus*, cette racine exprimait déjà toutes les facettes d'un état qui va de la nudité au *dénuement*. Qu'il s'agisse de tenues vestimentaires ou de conventions sociales, on ressent l'absence de protection, contre le froid ou la faim, contre le regard des voyeurs ou des nantis.

Cette perception de la nudité comme un manque se retrouve déjà dans de nombreuses civilisations. Pour la Bible, la nudité est humiliante et dégradante : comme la découverte du péché a obligé Adam et Ève à se couvrir, la rencontre de la misère oblige l'homme à vêtir le pauvre : « J'étais nu et vous m'avez habillé », dit Jésus à ses disciples.

En Inde, les ascètes vont à demi-nu en signe de pauvreté et, dans le jaïnisme, les digambaras (« vêtus de ciel ») se promènent entièrement nus (du moins les hommes) pour symboliser leur renoncement. Mais la nudité partielle peut aussi avoir une fonction hygiénique et sacrée : les brahmanes officient souvent torse nu après leurs absolutions, évitant ainsi les souillures des vêtements de ville.

En Grèce antique, le nu, *gumnos* (probablement apparenté à *nudus*), avait une valeur souvent positive, liée à la beauté du corps humain. Les athlètes s'entraînant sans aucun vêtement, la nudité a donné un nom à leur art, la *Gymnastique*. Le *gymnase* était un lieu d'exercice du corps mais aussi de l'esprit tant les discussions pouvaient s'y développer entre deux entraînements. Le *Gymnasium* allemand ou le *gymnase* suisse, c'est-à-dire le lycée, conserve ce sens intellectuel.

Cette nudité des Grecs scandalisait les Juifs. La construction d'un gymnase à Jérusalem fut l'une des causes de la terrible guerre des Maccabées qui, au IIe siècle avant J.-C., opposa les juifs orthodoxes au pouvoir hellénisé. Deux mille ans plus tard, des rabbins font toujours la guerre aux petites tenues, sur les plages ou dans les stades. L'extrême pudeur des religieux musulmans montre que ce refus de la nudité était commun à de nombreux peuples sémitiques et le christianisme a largement repris à son compte cet héritage pudibond.

La redécouverte de la nudité par la société occidentale date du début du XXe siècle (le mot *nudisme* apparaît, en français, vers 1930), période marquée par la renaissance des Jeux olympiques et l'expansion de la gymnastique. La nudité

« païenne » devient alors une réaction contre le puritanisme et coïncide avec la redécouverte du sport antique tandis que le naturisme cherche à profiter des bienfaits du soleil (l'héliothérapie a précédé les antibiotiques dans la lutte contre la tuberculose) et à supprimer les différences sociales : tous nus, tous pareils.

Est-ce si vrai ? Si le « costume d'Adam » est le moins coûteux, il n'est pas forcément le plus équitable. Les disparités économiques sont mieux combattues par le port de l'uniforme, jadis obligatoire dans l'école républicaine. En révélant les disgrâces de la nature ou les atteintes de l'âge, la nudité peut se montrer discriminante. La chirurgie esthétique joue d'ailleurs un rôle ambigu : en remodelant une partie du corps, elle invite à cacher le reste. Le lifting est l'ennemi du décolleté.

L'évolution des mœurs est tout aussi ambivalente : pruderie et nudité se mélangent au sein d'une même société. En Thaïlande, des femmes se baignent en robe longue non loin des salons de massage. En France, femmes voilées et publicités dévêtues se côtoient dans les cités de l'immigration. Comme au temps des frères Maccabées, s'affrontent partisans et adversaires du corps déshabillé.

De l'Antiquité gréco-latine, nous avons reçu en héritage un refus de la censure philosophique et anatomique. Car les deux sont historiquement liés. On ne saurait séparer scènes licencieuses et idées subversives, vases grecs érotiques et dialogues de Socrate, fresques de Pompéi et satires de Juvénal. Peut-on tout dire et tout montrer ? Les deux questions sont inséparables tant les limites de la nudité du corps sont celles de la transparence d'une société.

Paix

La paix se fixe comme un pieu. Elle est un état stable, un temps immobile opposé aux bouleversements de la guerre. Via le nom latin *pax* (et le verbe *pacare* = pacifier), le mot est issu d'une racine indo-européenne *pag* ou *pak* (italien *pace,* espagnol et portugais *paz,* anglais *peace*) exprimant l'idée de fixer moralement ou physiquement un état ou un objet.

En dérive tout un vocabulaire de la stabilité. Il y a la *page,* cette colonne d'écriture fichée dans le livre comme une treille de vigne (c'est le sens premier du latin *pagina*) et fixée dans le sol. Toute écriture a d'ailleurs pour effet de fixer la pensée. Avec un préfixe indiquant le mouvement, on obtient la *propagation,* ce phénomène d'extension qui, lorsqu'il s'agit d'une doctrine, s'appelle la *propagande,* laquelle est souvent une trahison du livre plus que sa diffusion. Tous ces mots sont parvenus au français par l'intermédiaire du verbe latin *pangere* signifiant enfoncer, établir solidement et, par extension, célébrer, louer (c'est-à-dire enfoncer dans les esprits). Il est le premier mot d'une célèbre hymne eucharistique catholique, *Pange lingua gloriosi corporis mysterium* (« Célèbre, ô ma langue, le mystère de ce corps glorieux »).

Il y a aussi le *pays* et le *paysan*, tous deux issus de latin *pagus* désignant un canton délimité par des bornes fichées en terre. Quand les villes de l'Empire romain se convertirent au christianisme, les paysans (*pagani*), restés fidèles aux anciens cultes, devinrent des *païens* aux yeux des citadins.

Cette notion de fixité se retrouve dans de nombreux mots composés issus du latin *pangere* ou apparentés à ce verbe, tels que *impact, compact, pieu, palissade, empaler* et *travail*. Ce dernier terme est issu du latin *trepalium* désignant une sorte de chevalet, instrument de torture qui évoque la pénibilité du travail.

La fixité est encore présente dans le *pacte* dont les termes écrits ne seront pas modifiés. La paix, dont la conclusion est souvent marquée par des bornes frontières, est le produit de cet accord qui, pour le latin, était un « temps vide » (*otium*, d'où est issu le mot français oisiveté), une époque d'inaction que n'aime guère l'histoire, laquelle se nourrit d'actions, et, donc, de conflits. Il suffit de comparer, dans les manuels scolaires, le nombre de pages consacrées aux temps de paix et aux années de guerre pour constater combien les premières sont rares et les secondes nombreuses.

Reste que la paix a un prix. *Payer* et *pacifier* sont deux verbes issus du latin *pacare* qui exprimait l'idée de passer un accord entre deux belligérants grâce à un traité ayant des clauses financières. Qu'il s'agisse de conflits sociaux, de guerres civiles ou de mésentente conjugale, il n'y a guère d'accord qui ne comporte pas un volet économique.

Régler un différend, c'est ouvrir son portefeuille, desserrer les cordons de la bourse pour renouer les liens entre les hommes. Même la douleur a son prix, le fameux *pretium doloris* qui évalue la perte d'un être cher, beaucoup plus cher d'ailleurs s'il vit dans un pays riche où les juridictions sont généreuses. Conclure la paix, c'est souvent *apaiser* par de l'argent, et les enfants apprennent très tôt à marchander leur gentillesse contre de menus cadeaux. Les grands enfants que nous sommes et les grands de ce monde que nous élisons aiment à clore les querelles des personnes et des peuples en fixant de substantielles indemnités pour que l'on préfère la paix ennuyeuse à la guerre captivante.

Palestine

Un peuple est souvent le contraire de ce qu'il croit et le semblable de ce qu'il fuit. L'origine de son nom est le refoulé de ses haines et de la plus grande de toutes : la haine de soi.

Les Francs étaient ainsi des Germains, parlant une langue germanique, le francique. Cela n'a pas empêché les Français de détester les Allemands, ces « cousins germains », ni de considérer l'Alsace comme la province la plus « française » alors qu'on y parle l'alsacien, un dialecte germanique.

De même, les Palestiniens se veulent des Arabes, musulmans ou (de moins en moins) chrétiens, parlant une langue sémitique (l'arabe). Mais leur nom vient de l'hébreu *pélèchet* désignant les *Philistins*, littéralement les « étrangers » (en grec *allophuloi*) et la Bible, hébraïque ou grecque, n'a pas cherché à mieux les définir. Trois mille ans plus tard, la paix au Proche-Orient bute encore sur la définition de l'étranger, sorte d'apatride qui n'a pas droit à la terre.

Les Philistins font partie de la seconde vague d'envahisseurs indo-européens qui, un demi-millénaire après celle des Hyksos, aborda les côtes asiatiques (d'où leur nom de « peuple de la mer ») et provoqua l'effondrement de plusieurs civilisations (dont celles des Mycéniens et des Hittites) avant d'être arrêtés par les troupes égyptiennes de Ramsès III. Les Philistins se réfugièrent donc sur la côte cananéenne, entre Gaza et Saint-Jean-d'Acre, là où habitent aujourd'hui des Palestiniens (à Gaza) et des Israéliens.

Car les juifs qui fuirent l'Europe au début du XXe siècle, et fondèrent des villes comme Tel-Aviv, s'installèrent sur les terres de leurs ennemis bibliques, celles des redoutables guerriers philistins disposant de chars rapides et d'épées de fer. L'armée israélienne n'a d'ailleurs jamais oublié ces leçons de la Bible et a toujours voulu conquérir la supériorité technologique que possédaient, voici trois mille ans, ces soldats incirconcis dont David ramena cent prépuces au roi Saül (I Samuel 18, 25). Les Palestiniens ont, depuis l'intifada, paradoxalement repris le rôle du jeune Israélien David tuant avec sa fronde le Philistin Goliath.

Les Grecs appelèrent *Palaistinè* une vaste région comprise entre la Phénicie (Liban) et l'Égypte, région dont les Philistins avaient depuis longtemps été chassés ou qu'ils n'avaient même jamais habitée, notamment dans les zones éloignées de la côte.

Hérodote évoque la « Syrie-Palestine » ou la « Syrie de Palestine » dont le territoire est aussi flou que l'expression. L'imprécision est autant historique que géographique : il est ainsi inexact de parler de la « Palestine au temps de Jésus » et le Nouveau Testament n'évoque pas une seule fois ce pays. À l'époque du Christ, la Palestine faisait partie de la province romaine de Syrie et les Romains déléguaient le pouvoir exécutif à un monarque local dont le plus célèbre est Hérode (37-4 av. J.-C.).

En 138 après J.-C., à la suite de la révolte de Bar Kokhba, les Romains créèrent la Provincia Syria Palestina, région très hétéroclite qui fut plusieurs fois redécoupée : au IVe siècle il y eut trois Palestine, correspondant à peu près à la Galilée, à la Samarie et à la Judée. Cette organisation se maintint à l'époque byzantine (du IVe au VIIe siècle) mais la Palestine disparut sous l'effet des invasions perses (614) et musulmanes (630).

Il fallut attendre 1922 pour voir réapparaître la Palestine, territoire placé sous mandat britannique par la Société des Nations, après l'effondrement de l'Empire ottoman, puissance occupante. Les Palestiniens d'aujourd'hui sont les habitants de cette région dont les titres de propriété sont antérieurs à ceux des juifs ayant émigré depuis la fin du XIXe siècle.

Qu'on les appelle Arabes israéliens parce qu'ils habitent en dehors des territoires occupés par Israël depuis 1967, ou Palestiniens dans le cas inverse, demeure relativement secondaire à l'échelle des siècles. Dans le deux cas, ils revendiquent une antériorité sur ce sol, par rapport aux juifs venus d'Europe ou d'Afrique du Nord. Les juifs répondent qu'ils étaient déjà présents au temps du roi David, voici trois mille ans. Et les Palestiniens répliquent en se présentant comme les descendants des Cananéens, peuple polythéiste de langue sémitique. Sans doute, en raison des mariages mixtes, ont-ils aussi pour ancêtres, comme les juifs, des Philistins.

Pour compliquer le tout, les Palestiniens de Judée-Samarie habitent une région où les juifs étaient majoritaires dans l'Antiquité alors que les Israéliens se sont installés, au début XXe siècle, sur la côte méditerranéenne, lieu des principales cités philistines. Ces Philistins mal-aimés (au siècle dernier, on appelait « philistin » un personnage brutal et sans culture) ont légué leur nom honni à un pays maudit où les ancêtres « païens » servent à faire la guerre sainte. Cela n'empêche nullement les Palestiniens d'avoir des droits incontestables au Proche-Orient, pour des motifs tirés non de l'Antiquité mais de l'Histoire récente qui les a vu expulsés de chez eux par la force des armes.

Pâques

Pâques (espagnol *Pascua*, italien *Pasqua*, portugais *Páscoa*) est à la fois un jour et une semaine. Car la semaine *pascale* commémore la Cène, la passion et la Résurrection du Christ, événements qui se produisirent durant la semaine juive de

Pésah. Ce mot hébreu, d'étymologie incertaine, dérive probablement du verbe *pasah* signifiant, notamment, « sauter par-dessus », « passer outre » et, donc, épargner en enjambant. Ce dernier sens pourrait correspondre à la situation des enfants juifs épargnés par Dieu qui frappait tous les premiers-nés d'Égypte : « Je passerai par-dessus vous et le fléau destructeur ne vous atteindra pas » (Exode 12, 13). C'est aussi l'heureux sort des chrétiens épargnés par Dieu qui sacrifia son premier-né, Jésus, pour épargner le genre humain et racheter son péché par la Passion et la Résurrection.

On traduit souvent Pésah par « passage » pour évoquer la légendaire traversée de la mer Rouge par les Hébreux durant l'Exode. Or, aucune des routes allant d'Égypte en Palestine n'emprunte la mer des Roseaux, nom biblique de cette étendue d'eau. Peut-être les semi-nomades suivant Moïse sont-ils passés dans les marécages situés au sud des lacs Amers et au nord du golfe de Suez. À moins qu'ils n'aient traversé le lac Sirbonis, près du bras oriental du delta du Nil.

Le verbe *pasah*, comportant l'idée de sauter par-dessus un obstacle, signifie aussi que l'on cesse de prendre appui sur le sol voire que l'on boite, flotte, hésite entre deux pensées ou actions, un peu comme les Hébreux, au désert, hésitaient entre la Terre promise et le retour en Égypte. Et les exégètes aussi hésitent constamment quant au sens de ces « passages » de la Bible relatifs à la sortie d'Égypte : expulsion ou évasion ? Histoire ou légende ? Exode massif ou migration progressive ?

À ces incertitudes historiques et géographiques, s'ajoutent les variables des saisons. Car, avant l'Exode, Pâques était déjà la fête cananéenne d'un passage, celui de l'hiver au printemps qui, dans la douceur du climat palestinien, marquait le début de la récolte de l'orge. Pâques était donc une fête du printemps, des primeurs des jardins et des prémices du troupeau (déjà des premiers-nés comme les enfants égyptiens ou comme Jésus). En rebaptisant vacances de printemps les anciens congés de Pâques, l'Éducation nationale a renoué avec les origines agricoles de cette célébration. Le printemps étant la saison de l'est, l'anglais nomme Pâques *Easter* et l'allemand *Ostern*, nom d'une déesse germanique de l'aube et du printemps. Et ce nom « païen » désigne toujours la très chrétienne fête pascale.

Mais si Pâques est, pour nous, le temps des pâquerettes, il est, dans l'hémisphère Sud, celui des feuilles mortes, une fête d'automne, en attendant l'été de Noël et le printemps de la Toussaint.

Paradis

Paradis (espagnol et portugais *paraiso,* italien *paradiso,* anglais *paradise,* allemand *Paradies*) vient du moyen-persan *pardez,* lui-même issu de l'avestique (la langue des avestas, textes sacrés de la religion iranienne de Zarathoustra) *pairi-daeza* dont le premier élément correspond au grec *péri* = autour et le second signifie « mur », « rempart ». *Daeza* est issu d'une racine indo-européenne *dheigh* exprimant le fait de façonner la terre, de pétrir l'argile. Cette racine se retrouve dans le grec *teichos* (« fortification ») et dans le latin *fingere* (« façonner »). De ce dernier verbe, dérivent les mots français *fiction, feinte, figure, effigie* qui, tous, comportent l'idée de façonner (une œuvre, un piège, une image, etc.).

Ce paradis persan est, donc, à la jonction de la culture et de la nature. C'est un enclos, une enceinte dont les murailles, élevées par l'homme, abritent des fleurs et des plantes, des fontaines et des animaux, autant de richesse à préserver des convoitises. Le « jardin de curé » derrière ses murs et le parc de château derrière ses grilles sont les versions occidentales de ces paradis aussi désirables que protégés. Paradis a aussi donné le mot *parvis,* désignant une place située devant une église et protégée, à l'origine, par des murs : les enclos paroissiaux bretons sont d'ultimes témoignages architecturaux de cette vision de l'Église comme « jardin clos » (Cantique des cantiques 4, 12), un espace pour les saints et les martyrs selon une théologie élitiste héritée du donatisme.

On peut encore voir des paradis en Iran, en Israël (les jardins persans d'Haïfa, propriétés de l'Église bahaï) ou en Inde (les jardins moghols du Tâj Mahal, le célèbre mausolée de marbre blanc d'Agra).

Le mot *pardez* est passé en grec (*paradeisos*) où il traduit l'hébreu *eden* (« jouissance », « délices »), terme désignant aussi bien un jardin fertile (avec des cultes de la fertilité dans les rites cananéens) qu'un endroit florissant (la Terre promise) ou le jardin de la Genèse (le « Paradis terrestre »). Dans le judaïsme post-exilique, avec l'émergence d'une foi en une autre vie, ce terme désigne le paradis céleste où les justes attendront dans la joie la résurrection. Et Jésus dit au « bon larron » sur la croix : « En vérité, je te le dis, aujourd'hui, tu seras avec moi dans le Paradis » (Luc 23, 43).

L'imagerie bucolique est développée par le Coran où le paradis devient les jardins d'Allah. Y abondent eau, lait, vin (sans ivresse), bananiers et jujubiers, dattes et grenades, bracelets en or et coupes en argent, épouses pures et beaux jeunes gens. Sur ces derniers points, les jardins d'Allah diffèrent du Paradis chrétien où on ne prend « ni femme ni mari » (Luc 20, 35) et où il n'y a donc pas de « septième ciel » ni de plaisir du sexe.

Les religions issues d'Abraham ont transformé

le paradis, ce jardin des rois et des nobles perses, en un séjour populaire où seules comptent la noblesse d'âme et la richesse du cœur. Cette évolution correspond à une démocratisation de la vie éternelle qui, initialement réservée aux grands de ce monde (pharaons égyptiens, rois mésopotamiens, etc.) s'est, au Proche-Orient comme en Inde, ouverte aux masses laborieuses.

Le marxisme a vu dans cette croyance un opium du peuple et s'est empressé de promettre le paradis sur terre avec vacances aux frais du parti sur les côtes de Crimée. Les congés payés du Front populaire sont la version sociale-démocrate d'un univers *paradisiaque* ouvert à tous. Cette béatification du peuple se produisit déjà au XVIIe siècle lorsque paradis devint synonyme de poulailler, cette galerie supérieure d'un théâtre, celle des sièges les plus hauts et des places les moins chères, du public turbulent et des jeunes enthousiastes.

Si le mot paradis est inséparable de l'histoire et de la géographie proche-orientales, le concept est universel. Même les religions aspirant à l'« extinction » (nirvâna) de toute vie ont proposé à leurs croyants des lieux de félicité (voir nirvâna*). Car éteindre le feu des passions pour supprimer la douleur de l'existence est un objectif trop austère pour enthousiasmer les pratiquants.

Même les « assassins » ont leur paradis. Au XIVe siècle, la secte militaire ismaélienne des Hachichins (d'où viennent les mots « haschich » et, peut-être, « assassin ») enrôlait, en Iran et en

Syrie, de jeunes soldats. Pour les séduire, on les conviait à un festin dans une demeure paradisiaque avec jardin luxuriant, filles, vin et drogue. Saoulées de paradis artificiels, les recrues s'endormaient et, au réveil, on leur jurait que s'ils obéissaient à leurs chefs, ils auraient d'autres visions paradisiaques. Telle est, du moins, la légende qui montre combien les plaisirs des paradis se ressemblent.

Nos paradis fiscaux ou légaux ont souvent leurs plages de sable fin et ces îles exotiques se couvrent de villas de milliardaires où piscine et alarmes électroniques sont les versions modernes des bassins et hauts murs des vieux paradis iraniens. L'interprétation hollywoodienne du paradis comporte aussi créatures de rêve et gardes du corps, cocotiers et Jacuzzi, toujours à l'abri des regards indiscrets. Car telle est bien la problématique du paradis : comment concilier le plaisir de quelques-uns et le mieux-être de tous ?

Parlement

Dans les langues indo-européennes, le vocabulaire de la parole est issu de deux racines principales.

La première, *werdh*, désignait sans doute initialement une parole inspirée, un *verbe* divin. À la différence des religions chinoises (« Le ciel ne parle pas », disait Confucius), les spiritualités indiennes et iraniennes acceptaient l'idée d'une communication par la voix du ciel et la langue des prêtres. Le sanskrit *vratam* (« vœu »), l'avestique *urvatem* (« prescription ») et le vieux-slave *rota* (« serment ») conservent l'image d'une formule sacrée : si les écrits restent, les mots passent et il faut à la fois sacraliser les promesses humaines pour les rendre intangibles et verbaliser les messages divins pour les rendre explicites.

Cette fonction religieuse se retrouve dans le christianisme où le *Verbe* est, selon l'évangile de Jean (le latin *verbum* traduisant le grec *logos*), le Christ lui-même. Mais la racine *werdh* peut également, via le latin *verbum,* avoir un sens profane que l'on retrouve dans les mots français *adverbe, proverbe,* dans l'anglais *word* ou l'allemand *Wort* (« mot »).

La deuxième racine, de forme assez variable, est surtout représentée en grec où le verbe *ballein* (« jeter ») a fourni de nombreux composés passés dans les langues européennes modernes : *diable**, *symbole**, *problème* (ce qui est « jeté devant » comme argument), *bal* (on y balance le corps), *ballet, ballade, balistique, arbalète, chablis* (bois jeté par terre), *accabler* (abattre moralement), etc.

La *parabole* est composée d'éléments jetés les uns auprès des autres et, donc, rapprochés : des points équidistants d'un point fixé et dessinant une courbe *parabolique* ou des mots proches de sens qui vont former une comparaison. Cette variante du discours allégorique fut très utilisée par Jésus dont les paraboles ont, par contraction, fourni le français *parole,* l'italien *parola,* l'espagnol *palabra* et le portugais *palavra.*

L'anglais *parliament* (allemand *Parlament,* espagnol, portugais et italien *parlamento*) désignait, au Moyen Âge, une assemblée où l'on *parle,* notamment la Chambre des lords et celle des communes. Le mot est passé en français, le parlement de l'Ancien Régime étant un conseil possédant des compétences à la fois judiciaires et législatives. La séparation des pouvoirs chère à Montesquieu fit du Parlement un lieu réservé à la confection des lois. Le paradoxe est que ces lois écrites sont élaborées verbalement par les *parlementaires.* La jonction entre écrit et oral devint complète avec le compte rendu sténographique des débats qui permet de garder la trace des interventions de chacun et d'éviter les reniements : il ne suffit plus de « donner sa parole », il faut l'enregistrer pour qu'elle devienne authentique.

Compléter la spontanéité de l'oral par la sûreté de l'écrit assure une grande transparence aux débats de nos assemblées. Mais la parole peut dégénérer en *palabres,* survivance archaïque des discussions interminables dans les sociétés sans écriture. Tous les projets de réforme du Parlement incluent d'ailleurs une limitation du temps de parole et du nombre d'interventions dans les séances publiques.

De plus, le micro et les caméras ont profondément modifié les principes de la *rhétorique* (un autre mot issu de la racine *werdh,* via le grec) devenue moins théâtrale. Or, nos hémicycles, inspirés de l'architecture grecque, avaient été conçus pour faire de la politique une tragédie et des élus de la nation des acteurs populaires.

Le grand siècle des parlements, le XIXe, fut celui des orateurs impétueux et du public turbulent : la grandiloquence des propos engendrait clameurs et sifflets. Comment peuvent-ils retrouver leur prestige en une époque où les effets de l'éloquence importent moins que l'image télévisuelle ? Sans doute, en ce siècle de mondialisation, les parlements nationaux cherchent-ils à renouer avec la popularité en défendant des catégories sociales fragiles ou des intérêts locaux négligés. Dans cette mission démocratique et cette fonction tribunitienne, le Parlement peut rendre la parole aux sans-voix.

Péché

La meilleure façon de marcher n'est pas seulement un excellent film de Claude Miller où Patrick Dewaere et Patrick Bouchitey incarnent deux surveillants ayant des méthodes différentes pour aider les jeunes à avancer dans la vie et à grandir en sagesse.

C'est aussi un vieux problème pédagogique et théologique : comment éviter les faux pas dans l'existence et vaut-il mieux ne rien faire que trébucher ? En latin, faire un faux pas se dit *peccare*, verbe dont le sens est devenu moral, avec l'idée de commettre une erreur, une faute, voire un crime. Le pied est ici ce qui écarte l'homme de la juste voie et l'expose aux périls des raccourcis trompeurs ou aux vertiges des sentiers de la gloire.

Le substantif *peccatum* (d'où viennent les mots français *péché* et *peccadille*) a conservé ce sens d'action coupable dans le christianisme qui n'a donc pas « inventé le péché » selon une erreur (un faux pas ?) commune. Dans le Nouveau Testament, les mauvais marcheurs ont seulement remplacé les mauvais tireurs, eux-mêmes se substituant aux insoumis : le latin *peccatum* traduit le grec *amartia* (désignant le fait de manquer une cible ou un but) qui, lui-même, traduit l'hébreu *pâcha* (exprimant le fait de se rebeller).

La prétendue « conception judéo-chrétienne du péché » est donc un syncrétisme recouvrant des notions culturelles très différentes allant d'une révolte contre les autorités (la rébellion était déjà considérée comme le mal le plus dangereux en Palestine) jusqu'à une erreur de trajectoire (les Grecs y voyaient une malice du destin) ou à une défaillance de comportement (le *peccatum* latin est occasion de « chute » comme toute faiblesse organique condamnant la station verticale).

Le péché (espagnol et portugais *pecado*, italien

peccato) ressemble à l'alcool au volant à cause duquel mal se conduire, c'est aussi mal conduire. Il est un dérapage hors du chemin du salut, loin des « voie de Dieu » (dont parlent souvent les psaumes et les prophètes) et loin du Christ qui a dit « Je suis la Voie, la vérité et la vie » (Jean 14, 6).

Cette sortie de route a ses équivalents dans les religions issues de l'Inde, de la Chine ou du Japon où la notion de voie est essentielle. L'enseignement du Bouddha est le Noble Octuple Sentier sur lequel ou progresse jusqu'au nirvâna et hors duquel il n'y a pas d'Illumination *(bodhi)* possible. Le taoïsme est l'enseignement de la « voie » *(tao)* universelle hors de laquelle se perdent l'harmonie de la nature et le bien-être de la santé. Les arts martiaux sont des « voies » *(dô)* physiques et spirituelles sans lesquelles on subit la défaite.

Certes, le christianisme a élaboré la notion du péché « mortel » qui, sans la grâce des sacrements, conduit à la damnation éternelle, tandis que le péché « véniel » est toujours pardonnable. Mais cette distinction des fautes selon leur gravité se retrouve dans le bouddhisme où les manquements des moines à la règle sont gradués et entraînent des sanctions variables allant jusqu'à l'exclusion du monastère.

Dans le jaïnisme, la gravité des fautes dépend largement de leur durée et elles doivent être avouées lors des confessions journalières, trimestrielles et annuelles. L'homme a besoin de révisions de vie qui, comme les visites médicales ou les contrôles de voiture, sont de périodicité et d'intensité variables.

Le judaïsme a aussi sa hiérarchie du péché : si le plus grave *(pêcha)* est une rébellion contre la Loi divine, celui de gravité moyenne *(avon)* est plutôt une faute contre le prochain tandis que le moins grave *(het)* est le fait de « manquer » le bien notamment par une inobservance accidentelle des règles de pureté. Les juifs utilisaient donc, comme leurs adversaires grecs, l'image du but manqué, emprunté par eux moins au vocabulaire du tir à l'arc qu'à celui du lanceur de fronde qui, de David à l'intifada, est une tradition millénaire.

Mais le judaïsme (comme l'islam) ne reconnaît pas de « péché originel » transmis de génération en génération et racheté par un Sauveur (le Christ). C'est à chaque homme de répondre de ses propres fautes et le prophète Jérémie a effacé la vieille loi hébraïque de châtiment des infractions sur trois ou quatre générations : « Chacun mourra pour son propre péché et si quelqu'un mange du raisin vert, ses propres dents en seront agacées » (Jérémie 31, 30).

Si l'expression « péché originel » apparaît pour la première fois chez saint Augustin, celui-ci n'est pas l'inventeur de ce concept très présent dans la théologie de saint Paul et, notamment, dans l'épître aux Romains : « Si, par la faute d'un seul homme (Adam), la mort a régné, à plus forte raison, par le seul Jésus-Christ, régneront dans la vie ceux qui reçoivent l'abondance de la grâce et du don de justice » (Romains 5, 18).

Le péché apparaît ainsi comme une sorte de maladie génétique, inhérente au genre humain, sexuellement transmissible tant il semble lié à la concupiscence d'Ève tentée par le serpent, symbole phallique. La Genèse affirme pourtant que le péché a une signification beaucoup plus générale : Adam a voulu manger le fruit de l'arbre de la « connaissance du bien et du mal » (ou « du bon et du mauvais ») et prendre ainsi la place de Dieu qui, dans le judaïsme comme dans le zoroastrisme, est le seul à posséder cette connaissance et à mettre fin à la confusion morale des anciennes divinités capables du meilleur et du pire.

Le péché originel des chrétiens est transmis par la filiation répétée alors que la faute karmique des bouddhistes est transmise par les réincarnations successives. Dans les deux cas, le mal n'est pas une génération spontanée et trouve son origine dans un passé plus ou moins légendaire ou fantasmé mais profondément ancré dans l'inconscient sous forme de culpabilité, notion qui transcende les frontières religieuses.

Le péché est-il un mal transmissible au sens où l'on parle de maladies héréditaires, de psychose en héritage ou d'alcoolisme familial ? La réponse n'est pas simple tant le débat entre inné et acquis ne cesse de rebondir et d'opposer passionnément les savants.

Scientifiquement, il y a une absurdité certaine :

la pieuse légende qui voit la tombe d'Adam sous le tombeau de Jésus : le sang du Christ serait retombé sur le crâne du « premier homme », le lavant de sa faute. Or nul ne sait où le Crucifié a été enterré (certains protestants situent sa dernière demeure dans la « garden's tomb », à quelque distance du Saint-Sépulcre) et, s'il est monté au Ciel, on voit mal ce que sa tombe contiendrait. C'est pour des fables comme celle-ci que les croisés se sont lancés dans leur sanglante « délivrance » du tombeau du Christ et que Jérusalem demeure un lieu d'affrontement entre religions.

Puisque, selon son étymologie latine, le péché est un manquement du pied, on peut se rendre pacifiquement au Sri Lanka, faire le pèlerinage du pic d'Adam. Les bouddhistes y voient l'empreinte du pied du Bouddha qui, pour les hindous, appartiendrait à Shiva, pour les catholiques à saint Thomas (premier évangélisateur supposé de l'Inde) et, pour les musulmans, à Adam. Le syncrétisme du métacarpe est d'une parfaite innocuité et d'un *impeccable* bon sens.

Pédophilie

« Il ne faut jamais céder sur les mots », disait Freud. Le terme est ce qui limite le sens et précise l'idée : s'il est faux, tout le raisonnement est vicié.

Pédophile comporte, justement, un faux sens. Ce mot est formé à partir du grec *philein* (« aimer d'amitié »), verbe qui se distingue voire s'oppose à *éran* (« aimer d'amour ») d'où vient le mot érotisme. Il est vrai qu'existent des amitiés amoureuses, que les Russes se saluent en s'embrassant sur la bouche et que les Arabes se promènent en se tenant par la main comme des amoureux. Les Grecs, aussi, considéraient que baiser *(philein)* quelqu'un sur la bouche pouvait être un signe d'amitié. Mais ils n'ont jamais dit qu'un homme qui « aime les chevaux » (*philippos* d'où vient le prénom *Philippe*) couchait avec eux.

Pour les relations sexuelles avec un enfant, il serait donc plus juste de parler de *pédérastie,* mot dont le sens érotique est incontestable. Pour les Grecs, il s'appliquait à l'amour des jeunes garçons (et non des filles) de douze à dix-huit ans, c'est-à-dire de dix à seize ans si l'on tient compte de la puberté plus précoce d'aujourd'hui. Il s'agissait donc tantôt d'enfants, tantôt d'adolescents et, dans ces derniers cas, il serait plus exact de parler d'èbèrastie, *èbè* (d'où vient le mot éphèbe) désignant l'adolescence.

Mais aucun mot ne peut parfaitement traduire les nuances de l'âge et le débat sur l'amour des pubères ou des prépubères divisait déjà les Grecs qui éprouvaient, à l'égard de l'apparition des poils, une sorte de séduction-réplusion. La seule certitude est que les Grecs encourageaient, acceptaient ou toléraient (les trois attitudes coexistaient généralement) l'amour entre un cadet et un aîné mais qu'ils réprouvaient l'union entre deux hommes du même âge (sans pour autant condamner celle de deux femmes adultes).

Leur éthique était à l'opposé de la nôtre qui accepte l'homosexualité adulte et condamne les relations avec des mineurs. Celles-ci n'étaient, à Athènes, que des divertissements extra-conjugaux alors que la relation entre deux hommes adultes aurait menacé l'existence même du mariage et son objectif principal : engendrer de futurs citoyens.

L'âge de ceux-ci est d'autant plus difficile à définir qu'en grec *(païs)* comme en latin (*puer* d'où vient le mot « puéril »), l'enfant et le serviteur (c'est-à-dire le jeune esclave) sont désignés par le même mot. Nous continuons d'ailleurs à appeler « garçon » de courses ou de café un serviteur, l'équivalent du « boy » des colonies. Le vocabulaire confond donc l'inférieur social et le plus petit de taille. Les Évangiles en donnent un remarquable exemple avec la parabole du centurion dont le serviteur (version de Luc), l'enfant (version de Matthieu) ou le fils (version de Jean) est guéri par Jésus. On peut abuser d'un enfant ou d'un esclave de bien des façons et la critique de la pédophilie correspond à l'émergence des droits de l'enfant. Il serait plus juste, en cas d'attirance compulsionnelle pour les jeunes prépubères, de parler de *pédomanie*, ainsi que le recommande Mme Giscard d'Estaing, présidente de la Fondation pour l'enfance. La notion de manie, assez voisine de celle d'addiction, rend mieux compte du caractère obsessionnel de cette tendance. Pour reprendre une opposition chère au philosophe Georges Canguilhem, la pédophilie est normale et la pédomanie pathologique.

Car si nous n'aimions pas les enfants, nous n'en ferions pas et l'humanité s'éteindrait. Comment aimer les enfants ? C'est la question sans fin de toute éducation. Elle peut être éclaircie par ce conseil, tiré du film *Adieu Bonaparte,* de Youssef Chahine. Il est prodigué par un sage égyptien à un officier français aimant un peu trop les jeunes garçons : « Aime-les mieux, aime-les moins. »

Pensée

Ce qui sépare l'écolier de l'animal, le petit d'homme du rejeton de la bête, c'est la faculté de *penser* (espagnol et portugais *pensar,* italien *pensare*). Cette aptitude réflexive est un pouvoir d'évaluation : penser et peser sont deux verbes issus du latin *pendere* signifiant « *pendre* ». Comme on pèse des objets en les *suspendant* à une balance, on soupèse des arguments en estimant leur poids. Ce va-et-vient intellectuel fait *pencher* l'esprit dans un sens ou dans un autre comme le mouvement du *pendule* oscille autour d'un axe.

La *pondération* naît de cette estimation comparative qui donne à chaque fait son juste prix. Le premier usage de la balance fut de peser l'argent, de mesurer la *dépense*, de calculer la *pension* pour éviter ce qui est trop *dispendieux* et constitue un *appendice* inutile au budget familial. De même, le *penseur* est un économe qui fuit le *pensum* fastidieux et a une *propension* naturelle à théoriser les éléments essentiels comme les facteurs *prépondérants*.

Cette économie de *poids* et de prix (la livre anglaise ou *pound* mesure ces deux notions) est une *dispense* d'effort. En évitant le labeur inutile, la pensée nous mène sur la pente de la facilité : elle a un *penchant* pour les raccourcis car le temps lui est compté. Si la méditation occupe les heures et la contemplation scrute l'éternité, la pensée ne dispose que du temps présent pour les questions *pendantes*. Elle doit être rentable sans perdre son équité, son sens de l'objection, son goût des « *cependant* ».

Bien penser, c'est prendre soin de soi, s'appliquer au mieux par une hygiène de l'esprit : « panser » et « penser » ne formaient qu'un seul verbe jusqu'au XVIe siècle. De même qu'une école de pensée est un *dispensaire* de l'esprit, il y a des exigences de précaution qui rapprochent le penseur des disciplines spéculatives et la panseuse du bloc opératoire. Ambroise Paré disait d'un malade : « Je le pansai, Dieu le guérit. » Mais, le barbier-chirurgien d'Henri II avait longuement réfléchi sur les méthodes de traiter les plaies et mis beaucoup de sa pensée dans la charpie de ses pansements.

Père

Dans la quasi-totalité des langues indo-européennes, le concept de *paternité* est rendu par un mot issu de la même racine *pater* : français *père,* anglais *father,* allemand *Vater,* italien et espagnol *padre,* portugais *pai,* latin *pater,* grec *patèr,* etc. La même proximité lexicale se retrouve pour le mot mère : anglais *mother,* allemand *Mutter,* italien et espagnol *madre,* portugais *mae,* latin *mater,* grec *mètèr,* etc.

Mais il s'agit d'une fausse symétrie : alors que la mère est la génitrice, le père n'est pas forcément le géniteur : la fonction *paternelle* n'est pas exclusivement physique. La preuve se trouve dans le nom du dieu romain suprême, *Jupiter* (*dius pater*), le « Ciel Père ». Il serait cependant excessif de réduire la mère à son rôle charnel, nourricier et de ne voir dans la paternité qu'une fonction spirituelle ou, du moins, symbolique.

Certes, Lacan a beaucoup insisté sur cette dimension non physiologique de la relation paternelle et, notamment, sur le « nom de Père » (le *patronyme*) qui introduit l'enfant dans l'ordre du langage (bien qu'une langue soit dite maternelle) en lui barrant l'accès exclusif à la mère (le « non du Père »). Mais le fondateur de la Cause freudienne n'ignorait pas le père physique, celui dont le phallus est « par sa turgidité l'image du flux vital en tant qu'il passe dans la génération » (« La signification du phallus », *Écrits* II).

Dans les religions d'origine sémitique, on retrouve les mêmes difficultés à distinguer paternité charnelle et spirituelle. Pour le judaïsme antique, le père (en hébreu, *abba,* d'où viennent les mots « abbé », « abbaye ») était le géniteur mais aussi l'ancêtre, le patriarche (tels Abraham, Isaac, Jacob ou Noé) voire le rabbin, maître en religion et docteur de la Loi. Si Dieu est le Père du peuple d'Israël, il n'est jamais nommé comme tel dans les prières.

Toutefois, dans des textes post-exiliques (Siracide 4, 10 ; 23, 1-4 ; 51, 10 ; Malachie 2, 10), on trouve quelques mentions d'un Dieu-Père dont chaque homme est le fils. Jésus généralise cette relation personnelle entre le Père du Ciel et ses enfants humains au point de renier la paternité charnelle : « N'appelez personne sur la terre votre Père car vous n'en avez qu'un seul, le Père céleste » (Matthieu 23, 9). En revanche, jamais le Nouveau Testament ne mentionne Dieu comme le père du peuple d'Israël car la *paternité* spirituelle est offerte aux humains du monde entier et se transmet par l'intermédiaire du *parrain* : si on naît juif par sa mère et musulman par son père, on devient chrétien par son parrain (et sa marraine). En réaction contre les dogmes trinitaires (la Trinité étant, selon les musulmans, composée du Père, du Fils et de Marie, non de l'Esprit), le Coran ne parle jamais d'Allah comme d'un père pour chaque homme : pareille humanisation de l'« inengendré » (Dieu) gommerait sa radicale différence.

Au total, le christianisme est bien la religion du Père par excellence (et le catholicisme celle du *pape,* ce père spirituel) même si d'autres cultes ont pu sacraliser la paternité, naturelle ou adoptive, notamment dans la Rome « païenne » et la Chine confucéenne où le père légitime était le modèle d'autorité.

Celle-ci semble remise en cause dans nos sociétés modernes où l'autorité parentale succède à la puissance paternelle et redonne du pouvoir à la mère. L'héritage du père, le *patrimoine,* est fortement taxé. Le pays du père, la *patrie,* subit le double assaut des revendications locales et de l'économie mondiale. Mais, dans ce dernier cas, la contestation du masculin n'est pas évidente, tant la « mère-patrie » comporte d'ambiguïtés sexuelles comme le montre son nom anglais de *motherland* (« terre de la mère ») et son nom allemand de *Vaterland* (« terre du père »).

Plus significative est l'évolution du mot *patron* qui, en latin (*patronus*), désignait un protecteur des plébéiens (l'opposé d'un client) ou un défenseur en justice. Avec le christianisme, cette fonction protectrice passa au saint patron (d'un métier ou d'une ville) avant d'être exercée par un maître-artisan ou un chef d'entreprise, membre du *patronat*. Ce dernier terme tend à disparaître de notre vocabulaire en raison de sa connotation *paternaliste* et autoritaire. De même, les *patronages* de jeunes gens et les dames *patronnesses* (aussi sexuellement ambiguës que la mère-patrie) des bonnes œuvres frisent l'archaïsme. La fonction de protection des petits, essentielle chez le père, ne supporte plus la condescendance.

Le Père actif et utile est celui qui doit *perpétrer* des actes essentiels, être fidèle à une promesse de soutien qui, à Rome, était faite sous serment par un noble *patricien*. En tant qu'*impétrant*, il arrivait à obtenir, des dieux ou des autorités, de quoi satisfaire lui-même et les siens. Tenir ses engagements et contenter sa famille demeurent bien des vertus paternelles.

Cet altruisme débrouillard est payé de retour puisque, si le père met ses enfants à l'abri du besoin, les enfants tiennent leur père à distance de l'oubli en perpétuant son nom et sa mémoire. La meilleure définition de la fonction paternelle peut se lire sur la banderole d'arrivée de la célèbre Vasaloppet, course de ski de fond commémorant les exploits du roi Gustave Vasa libérant le peuple suédois de la tutelle danoise : « Dans les traces du Père, pour un avenir meilleur. »

Personne

Le théâtre est un genre quasi mondial. De l'Inde à la Chine et du Japon à la Grèce, la plupart des sociétés anciennes possédaient un art où le peuple chante en chœur et où la foule joue un rôle. Le développement de l'imaginaire est facteur de civilisation et le dévoilement du récit producteur de symboles. Chaque individu peut s'identifier à un personnage, qu'il soit le héros des soldats grecs dans l'*Odyssée* ou le chef de l'armée des singes dans le *Râmâyana*.

Il y a une exception de taille à ce tableau : les religions se référant à Abraham n'ont jamais eu de théâtre et, encore au XVIIe siècle, les acteurs chrétiens étaient excommuniés. Judaïsme, islam et christianisme ont vu dans l'histoire sainte le seul théâtre de Salut et dans la fiction de la scène l'ennemi de la Vérité. Le dieu qui sonde les reins et les cœurs devait faire tomber les masques et supprimer ce qui était déjà le péché suprême dans le zoroastrisme : le mensonge. En l'absence de spectacles profanes, le public se retrouve à heures fixes dans les synagogues, églises ou mosquées : les religions issues d'Abraham sont les seules à avoir construit des édifices du culte couverts pouvant contenir des foules.

À l'inverse, la civilisation gréco-romaine multiplia théâtres et odéons, y compris en Palestine dans les cités hellénistiques. Ce développement eut une grande importance psychologique en introduisant une distance entre les faits et leurs traitements : le mythe se mêle alors à l'histoire et l'interprète supplante l'exégète. La religion elle-même devient spectacle et le sacrifice du bouc (*tragos*) tragédie. Shakespeare a bien défini cette mise en scène de l'existence par laquelle « le monde entier est un théâtre, et tous, hommes et femmes, n'en sont que les acteurs ».

Le meilleur exemple de cette société du spectacle est l'origine du mot personne (espagnol et italien *persona,* portugais *pessoa,* anglais *person* et allemand *Person*). En latin, *persona* était le masque de l'acteur antique qui ressemblait à nos déguisements du mardi gras : panoplie grotesque de traits grossis, la *persona* évoquait une caricature et désigna le rôle, le *personnage* correspondant à ce caractère.

Alors que l'acteur, comme tout individu, connaît des hésitations et contradictions, le masque lui donne un aspect uniforme et rassurant. Il faut donner aux autres une idée fausse de soi : on devient une *personnalité* en vue en choisissant l'image qui compte contre le moi qui gêne. L'image devient cliché : c'est ainsi que les retoucheurs de photos font les vedettes.

Chacun a peur de montrer son vrai visage. « Le miroir ne flatte pas, écrivait Jung, il donne une image fidèle de ce qui regarde en lui, c'est-à-dire le visage que nous ne montrons jamais au monde parce que nous le dissimulons, au moyen de la *persona,* le masque de l'acteur. »

Ce masque est une nécessité sociale. Pour Jung, « la société attend et se doit d'attendre de chaque individu qu'il assume un jour de façon aussi parfaite que possible le rôle qui lui est imparti... La société exige cela comme une sorte de garantie et de sécurité. Que chacun demeure à sa place et se cantonne dans son domaine : celui-là est cordonnier et cet autre poète. Nul n'est tenu d'être, à la fois l'un et l'autre. Il ne semble d'ailleurs pas être recommandable d'être les deux à la fois, car on devient vite suspect : cela a quelque chose d'inquiétant. Car si tel homme ne répond plus à la norme habituelle, il "diffère" des autres et excite la défiance. Dans le monde universitaire, on le qualifierait de "dilettante", dans le monde politique, d'"homme aux réactions imprévisibles", du point de vue religieux et pour les dévots, ce serait un "esprit libre" ».

Mais l'individu ne doit pas être dupe de son personnage. Il lui faut savoir que ce moi déformé est un « faux self », un rôle de composition qui n'entrave pas sa liberté intérieure. À chacun de « faire son cinéma » en restant maître du tournage et en sachant quitter sa posture théâtrale dans les coulisses de son intimité. S'il ne le peut pas, il lui faudra peut-être redéfinir sa personnalité dans ce théâtre de poche qu'est un cabinet de psychanalyse. Cette science a été inventée par un juif longuement hellénisé ayant écrit *Moïse et le monothéisme* et *Un rêve sur l'Acropole.* Un juif réconciliant mythe et histoire, fiction et vérité, roman familial et chronique de soi-même. Car pour trouver son moi, il faut tomber le masque : sans quitter son personnage, on n'est personne.

Piété

Retrouver ses racines, c'est mettre en péril le bon sens, être bouleversé, sens dessus dessous comme ces banians dont certaines racines tombent en terre et d'autres montent au ciel.

Rien n'est plus déstabilisant que l'histoire des mots comme le montre l'exemple de piété. Comment une même racine latine *(pius)* a-t-elle pu fournir des termes aussi différents que *pieux* et *piteux*, *pitance* et *pitié* ?

La *pietas* désignait, dans la Rome « païenne », l'accomplissement des devoirs envers les dieux et les parents (cf. la *piété* filiale) et l'effacement de la faute par un sacrifice d'expiation. Était *impie* celui qui se soustrayait à ces devoirs et *inexpiable* la faute qu'un sacrifice ne pouvait annuler et que Jésus appela « péché contre l'Esprit ».

La piété purifiait le cœur comme le feu purifie l'eau. Mais le sacrifice de purification a progressivement changé de nature : au lieu d'offrir aux dieux des animaux ou de la nourriture, les hommes leur ont donné le meilleur d'eux-mêmes. Ce sacrifice du cœur est devenu l'œuvre *pie,* l'action charitable qui fait du prochain un autre soi-même et l'entoure de soins fraternels voire maternels. En anatomie, la *pie-mère* est la membrane qui enveloppe le cerveau comme une pieuse mère protège son enfant.

Cette évolution du sacrifice sanglant à la privation altruiste se retrouve dans de nombreuses religions. Dans l'hindouisme, la bhâkti est un « partage » entre le fidèle, la divinité et tous les croyants égaux devant l'Etre suprême. Dans l'islam, le soufi était ainsi nommé parce qu'il portait une « laine », matériau du vêtement de l'ascète qui priait Dieu et vivait pauvrement. Dans le christianisme, la piété a engendré la pitié, cette clémence de souverain qui est devenue une forme de charité. En vieux français, pitié s'écrivait d'ailleurs *pietet* et on retrouve cette orthographe proche du latin dans l'italien *pietà,* l'espagnol *piedad* et le portugais *piedade.*

La pitié a généralement mauvaise presse et Nietzsche en a fait la tare du christianisme, la faiblesse qui entrave le surhomme : donner la *pitance* aux pauvres ne ferait qu'humilier les assistés et rendre *pitoyable* le donateur.

Mais l'histoire des mots ne peut se satisfaire d'une affirmation aussi péremptoire : les doublets sont toujours riches de sens complexes. Ainsi, preux et prude (issus de latin *prode,* « utile ») montrent deux facettes d'un comportement utile : le courage et la prudence.

De même, piété et pitié montrent qu'une référence à un même idéal, humain ou divin, exige une réduction de l'injustice, sinon un alignement des conditions. Ce socialisme du sentiment est un narcissisme raisonné car il n'existe pas de soin des autres sans souci de soi.

Comme le remarque justement Romain Rolland, apôtre de l'« héroïsme humanitaire », « l'égoïsme est souvent la clé de la pitié. Qui souffre pour soi a des chances de s'éveiller à la souffrance des autres » (*L'Âme enchantée,* tome III).

Politique

La politique, c'est l'art de gouverner la cité, ancêtre de l'État, la cité-État étant le prototype des collectivités publiques modernes. Mais cette cité était une citadelle : quand François Mitterrand affirmait que « la politique, c'est du judo », il retrouvait l'ambiance conflictuelle et défensive des premiers espaces de gouvernement.

Politique (anglais *politics* et *policy,* allemand *Politik,* espagnol et italien *política,* portugais *política*) vient du grec *polis* désignant une ville grecque fortifiée et, notamment, le cœur de celle-ci, l'*acropole,* ville haute abritant les sanctuaires et leurs trésors. Car la ville antique comprenait généralement un double système de fortifications protégeant l'ensemble de la cité des assauts de l'étranger et le centre de celle-ci des convoitises des citadins. La même double enceinte existait dans les cités palatiales du Proche-Orient et se retrouve dans les villes royales ou seigneuriales du Moyen Âge, le château remplaçant le temple comme haut lieu protégé.

Le grec *polis* est apparenté au sanskrit *pur* désignant le rempart et la ville fortifiée (cf. les villes indiennes de *Jaipur, Jodhpur, Udaipur,* etc.). Mais en Grèce seulement, la citadelle se transforme en cité, le site défensif devenant lieu de débats politiques entre tous les citoyens, qu'ils vivent à l'intérieur ou à l'extérieur de la cité et qu'ils soient citadins ou ruraux.

Car l'enceinte urbaine s'ouvrit au-dehors. Comme la femme enceinte nourrit son bébé par le cordon ombilical, la ville d'Athènes ravitaillait ses enfants grâce à un étroit boyau (les « longs murs ») reliant la cité au port du Pirée. L'espace politique a toujours combiné défense et échanges, périodes de siège et temps d'ouverture.

Mais pour maintenir l'ordre intérieur, il fallait bien une réglementation, une *police* que l'on dota au Moyen Âge de sergents de ville. Aujourd'hui encore, en France, les *policiers* sont compétents dans les villes et les gendarmes à la campagne.

Actuellement, nos villes et nos *métropoles* (« villes-mères ») ont perdu leurs remparts, seules les « villes des morts », les *nécropoles* des cimetières étant encore entourées de clôtures. Le *métropolitain* parisien a longtemps gardé une trace de ce passé puisque les lignes ne dépassaient pas les anciennes fortifications : on craignait alors que les Allemands n'entrent à Paris en métro.

Mais il existe d'autres murs, ceux de l'argent, qui découpent l'espace politique en fonction des revenus. Les fortifications des grandes villes ont été remplacées par des boulevards périphériques : en anglais, des « rings », mot qui évoque la boxe ou le catch. Ces trouées séparent les catégories sociales et isolent les banlieues. Elles prouvent que, dans une société, il n'y a pas de débats sans combats, pas de politique sans polémiques.

Les dirigeants des pays démocratiques ont certes quitté leurs donjons et ni l'aimable hôtel Matignon ni le banal 10, Downing Street ne font songer à une citadelle. Mais pour se convaincre que la politique est une forteresse, il suffit de se rendre au Kremlin de Moscou où le pouvoir s'est toujours exercé, y compris au temps du communisme athée, à l'ombre de cinq cathédrales et derrière des murs épais de dix mètres. Ainsi l'*acropole* tsariste puis marxiste a-t-elle pu à la fois s'attirer les bénédictions de Dieu et se protéger des colères du peuple.

Pouvoir

Le pouvoir (anglais *power*, espagnol et portugais *poder*, italien *potere*) est à la fois la *possibilité* d'entreprendre et la *puissance* pour agir. En politique intérieure, on parle du gouvernement au pouvoir mais en politique étrangère, on évoque plutôt les grandes puissances. Le terme pouvoir vient du verbe latin *posse* signifiant être capable de. En sont issus des mots comme *pouvoir, puissance, possible, potentiel, impotent* et *potence* (une pièce de bois disposée en équerre, apte à fournir un appui et capable de soutenir un poids, y compris le corps d'un pendu, victime d'un *potentat*). Le pouvoir se situe donc à la jonction de l'aptitude et de la sujétion.

Cette ambivalence se trouve déjà dans la racine indo-européenne *pot* ou *poti* qui a fourni le latin *posse,* le français *pouvoir* et le sanskrit *pati.* Le *poti* était à la fois maître et époux, chef d'un groupe et d'une femme, souverain en sa maison et son domaine.

En Inde, un *pashupati* est « maître du bétail », l'un des titres du dieu Shiva auquel est dédié le sanctuaire de *Pashupatinath,* près de Kathmandou (Népal) : la sacralisation du pouvoir bénéficie au maître divinisé, propriétaire des biens et des personnes, riche de ses troupeaux et de ses enfants.

Car la puissance sexuelle pérennise le pouvoir : le phallus (*linga*) du chef de droit divin est un bâton de commandement d'où sortent les enfants à concevoir et les ordres à exécuter.

En grec, le *posis* est également maître et époux. Le *despotès* est un maître de maison ou un chef d'État au pouvoir absolu, *despotique*, parfois divinisé. Le dieu d'Abraham est donc un *despotès* (Genèse 15, 2 et 8), tout comme celui du Nouveau Testament : quand on prie le Maître des cieux (Luc 2, 29 ; Actes des apôtres 4, 24), c'est ce *despotès* qui est invoqué. Son équivalent russe est le *gospodi*, très présent dans les liturgies slaves.

La même divinisation du pouvoir se retrouve en latin. Dans sa version latine, le cantique du *Magnificat* est un hymne de Marie au *Tout-Puissant (potens)* dont la force *(potentia)* du bras détrône les *puissants* et dont l'Esprit engendre un Fils (Jésus). La puissance spirituelle est associée à une fécondité charnelle qui oppose une descendance divine aux dynasties du Mal.

Il n'y a donc pas de pouvoir durable sans puissance sexuelle : l'*impuissance* masculine est la hantise des familles royales et les cultes phalliques ont toujours été associés à des hommages aux monarques : à Angkor, le *linga* du dieu Shiva était le symbole du pouvoir des rois khmers que l'on conservait dans le sanctuaire d'un temple (Phnom Bakheng). De Byzance à Pékin, chaque fois que le pouvoir s'est méfié de ses rivaux, il en a fait des eunuques (voir castration*).

Prescription

C'est le plus équivoque des mots pièges et son double sens révèle toute l'ambiguïté des rapports entre droit et médecine. Car la prescription est tantôt l'ordonnance d'un médecin, tantôt l'extinction des poursuites.

Le terme vient du verbe latin *scribere* (« écrire »), issu d'une racine indo-européenne de forme assez variable indiquant le fait de couper, d'inciser : comme une chair scarifiée, le mot écrit est indélébile. Gravé sur pierre ou *inscrit* sur registre, l'*écrit* dispose, comme la loi, pour l'éternité. C'est pourquoi les premières lois du monde sont nées en Mésopotamie, région des plus vieilles *écritures.*

L'écrit engendre la liste : à Rome celle des *conscrits,* enrôlés sous les bannières des légions et celle des *proscrits,* condamnés à la confiscation des biens. La prescription est ce qui est « *écrit (scriptum)* en tête *(prae)* », le préambule d'un acte ou la préface d'un livre, c'est, notamment, le premier argument du juge, ce que le droit met en avant pour trancher.

Les magistrats n'ayant jamais apprécié la surcharge de travail et l'embarras des juridictions, le droit romain a fait de la prescription un déclinatoire de compétence, le fait de refuser de se saisir d'une affaire. Encore aujourd'hui, les tribunaux soulèvent en priorité des moyens d'incompétence qui leur économisent un précieux temps puisqu'il est inutile d'examiner le litige sur le fond.

La prescription est à la fois une extinction du droit et une obligation du juge : le refus du procès est un impératif légal. La même ambivalence concerne la péremption qui est l'annulation de droit d'un acte de procédure, annulation dont le caractère décisif se retrouve dans le sens de l'adjectif péremptoire. Le droit est parfois un bon usage de l'inaction, un respect scrupuleux de cette mort des procédures qu'est la fin des délais. Car ceux-ci ont leur raison d'être tant il est pratiquement difficile de juger des faits après de longues années.

C'est pourquoi la prescription est l'ordre donné au temps de tout effacer. Son plus ancien fondement est biblique et s'appelle l'année de grâce ou année sabbatique : Dieu, maître du temps, ordonne que, tous les sept ans, la terre soit mise au repos comme lui même s'est reposé au septième jour de la Création. Cette jachère pouvait avoir une utilité agronomique mais elle avait l'inconvénient économique de réduire la production agricole dans un pays très peuplé. De plus, cette année-là, les dettes étaient, en principe, remises et les droits des créanciers *prescrits*. Toutes les « sept semaines d'années », c'est-à-dire tous les quarante-neuf ans, était proclamée une année jubilaire où la prescription des droits était générale : les créances étaient annulées et les esclaves libérés.

On ignore le degré exact d'application de cette législation généreuse aux effets pervers : à l'approche de l'année sabbatique, plus personne ne voulait prêter de l'argent. Au Iᵉʳ siècle avant J.-C., le sage Hillel institua donc le prosboul, acte officiel rétablissant l'exigibilité des dettes à tout moment et annulant ainsi ce que la loi avait *prescrit*, au double sens du terme.

Cette prescription sabbatique fut d'une grande importance théologique. Dans la prière de *Notre-Père*, Jésus s'y réfère en demandant à Dieu : « Remets-nous nos dettes comme nous remettons à ce qui nous devaient » (Matthieu 6, 12). La remise des dettes devient rémission des péchés.

Dans l'ordre juridique, toutes les législations et jurisprudences ont, depuis le droit romain, prévu diverses formes de prescription acquisitive (on entre en possession d'un bien après un délai lorsque son propriétaire ne l'a pas revendiqué) ou extinctive (on perd ses droits si on ne les a pas exercés pendant un certain temps). À cette prescription civile s'ajoute une prescription pénale qui empêche de poursuivre l'auteur d'un délit ou d'un crime au bout de quelques années (en France, trois ans pour un délit, dix ans pour un crime). Le temps efface la faute, le temps éteint les droits, tel est le double principe de la prescription.

Ce principe comporte des modalités complexes et de nombreux cas particuliers qui en font un véritable casse-tête juridique. Mais il a surtout son contraire : l'*imprescriptible*. Cette notion n'est pas nouvelle puisque, sous l'Ancien Régime, étaient imprescriptibles la lèse-majesté divine (hérésie, sacrilège et blasphème) et humaine (la seule pensée avouée de tuer le roi était punie de mort), le duel, la rébellion à la justice, le suicide et l'usure (ce dernier motif est une réminiscence biblique de l'interdit des prêts usuraires). Et la mort du coupable n'éteignait pas les poursuites puisqu'on pouvait juger un défunt pour déshonorer sa mémoire.

Mais l'*imprescriptibilité* la plus solennelle est celle des crimes contre l'humanité : reconnue par de nombreux pays dont la France (par une loi du 26 décembre 1964), elle eut pour premier objectif de juger les criminels nazis, notamment pour le génocide des juifs. Par une ironie de l'histoire, le peuple de la Bible qui avait inventé la prescription fut à l'origine de l'imprescriptibilité.

Quant à la prescription médicale, l'usage courant du mot date du début du XIXe siècle, époque où la médecine devint assez sûre d'elle-même pour délivrer des traitements à suivre à la lettre. Mais la proximité entre le droit et la médecine existait déjà à Rome où le praticien pouvait *prescrire (praescribere)* les moyens de guérir et l'homme de loi *prescrire* les règlements à observer. Ainsi le magistrat et le clinicien *écrivent*-ils une ordonnance.

Prêtre

L'Occident a de moins en moins de prêtres et de plus en plus de *presbytes*. Cet écart est paradoxal puisque la *presbytie* est, littéralement, la maladie des « gens âgés » et la *prêtrise* la fonction des « gens plus âgés ».

L'adjectif grec *presbus* qualifiait tantôt des hommes vieux, tantôt des personnages importants. Les Anciens du village ou de la ville étaient des dirigeants : les aînés bénéficiaient d'une préséance dans la Grèce antique comme dans la Chine ancienne et ce respect du vieillard était autant platonicien que confucéen. En Palestine aussi, un conseil des Anciens dirigeait le pays et ces *presbuteroï* condamnèrent à mort Jésus.

Ce mérite de l'âge ne fut pourtant pas désavoué par les apôtres qui désignèrent des Anciens pour gouverner les premières communautés chrétiennes (Actes des apôtres 14, 23) tandis que des veuves âgées veillaient sur les groupes de vierges. L'âge étant facteur de sagesse, ces hommes mûrs (de plus de trente ans, âge supposé du Christ à son baptême) devinrent les « surveillants » ou évêques (voir spectacle*) des églises et, donc, les ministres du culte présidant le repas eucharistique. Les *presbutéroï* (dont le mot français prêtre est la contraction, comme l'anglais *priest,* l'allemand *Priester* et l'italien *prete*) étaient investis de fonctions sacerdotales et leur nom s'imposa au détriment de *hiéreus* (voir hiérarchie*), mot désignant habituellement la personne investie de tâches sacrificielles. Faute de sacrifices, il ne peut, par ailleurs, y avoir de prêtres dans le bouddhisme ou le protestantisme.

Une révolution se produisit dans le mode de recrutement des prêtres. Ceux-ci, dans le judaïsme (avant la destruction du Temple de Jérusalem en 70 ap. J.-C.), se succédaient de père en fils alors que, dans le christianisme, on substitua la primauté de l'âge et de la sagesse aux privilèges de la filiation et de la dynastie. Ainsi s'éteignit progressivement le clergé héréditaire même s'il eut encore quelques rejetons clandestins tels, du VIe au VIIIe siècle, les papes Grégoire le Grand, arrière-petit-fils de saint Félix III, saint Silvère, fils du pape Hormisdas ou Étienne III, fils de Constantin Ier. En ce temps-là, les papes étaient papas (voir père*).

Le Moyen Âge vit les grades ecclésiastiques se compliquer avec, en Occident, les *archiprêtres* et, en Orient, les *protopresbytres,* deux fonctions surtout honorifiques. La Réforme protestante, imprégnée de grec biblique, retrouva le sens premier des mots et, tout en refusant le sacerdoce des prêtres, elle restaura le conseil *presbytéral,* assemblée de sages laïcs entourant le pasteur. Les Églises réformées, notamment celle d'Écosse, furent dites presbytériennes pour les distinguer des Églises épiscopales (luthériennes ou anglicanes) dirigées par des évêques tandis que les Églises refusant toute hiérarchie (comme les anabaptistes ou les pentecôtistes) furent appelées congrégationalistes, tout pouvoir y étant dévolu à la congrégation des fidèles.

La Réforme opéra un retour au *presbus* antique qui, en indo-européen, s'analyse comme celui qui « va devant », le préfixe *pres,* qu'on retrouve dans les mots français *proue* et *primeur,* indiquant une antériorité spatiale ou temporelle : celui qui est devant les autres pour les guider était déjà là avant eux pour s'exercer. La préséance est affaire non de prestige mais d'expérience. Dans une époque de changements rapides, cette longue pratique est dévaluée : les prêtres sont vieux et les *presbytères* vides. Il faut aller en Afrique ou en Asie pour trouver des prêtres jeunes qui, au regard des fidèles, incarnent la sagesse ancestrale des religions anciennes, « *presbytes* ».

Psychanalyse

C'est un mot intraduisible et, donc, à peu près identique dans toutes les langues. La *psychanalyse* (anglais *psycho-analysis,* allemand *Psychoanalyse,* espagnol *psicoanálisis,* italien *psicanalisi,* portugais *psicanálise*) est une discipline fondée par Freud, en 1896, sous le nom de *psycho-analyse.* C'est dans un article publié en français (« L'hérédité et l'étiologie des névroses ») que ce néologisme est mentionné pour la première fois. La même année, Freud écrit ce terme en allemand et en un seul mot *(Psychanalyse)* dans des nouvelles observations sur les psychonévroses de défense.

Le vocabulaire *psychanalytique* fut, dès son origine, confronté à la diversité des langues européennes, Freud ayant recruté des disciples et organisé des congrès dans les principales villes du Vieux Continent. Le mot de psychanalyse fut adopté par tous les *psychanalystes* même s'il ne recouvrait pas toujours les mêmes notions.

Car ce terme comprend deux noms, d'origine grecque, au sens très large. Le premier, *psuchè,* désigne le souffle de vie et est souvent traduit par « âme ». Mais que représentait l'âme pour Freud qui se disait athée ? Le *psychisme* est-il le produit de neurones, une mécanique du cerveau ? Est-il, au contraire, le jouet de forces occultes et d'êtres surnaturels ? Freud, qui ne répugnait pas à utiliser le nom allemand de l'âme *(Seele),* refusait à la fois l'organicisme et le mysticisme : il voyait dans le psychisme le fruit inconscient des émotions et devait donc donner un nouveau nom à une nouvelle science dont les définitions sont presque aussi nombreuses que les praticiens.

Car le spectre de l'*analyse* est fort large. Le mot est formé du préfixe grec *ana* et du verbe *lueïn* (« délier »). *Analyser* signifie « délier entièrement », « dissoudre » *(dialyser)* voire « détruire ». L'analyse de difficultés psychiques, comme celle d'un problème mathématique, exige une décomposition de ses éléments. Le problème est alors de savoir jusqu'où peut aller ce travail de déconstruction, pour reprendre le vocabulaire de Jacques Derrida.

Le préfixe *ana* ayant de multiples sens (de bas en haut, en arrière, au contraire de, de nouveau, etc.), la gamme des solutions est extensible à l'infini. Quant à la reconstruction des éléments mis au jour, il ressemble au remontage des vieilles pierres sur un de ces sites archéologiques que Freud appréciait tant. Selon l'expression de Françoise Dolto, « après l'analyse, vient la synthèse ». C'est ce qui différencie l'œuvre de vie de la psychanalyse de l'œuvre de mort du cocktail *lytique* abrégeant les fins de vie.

Quand saint Paul parlait du « temps de son analyse » *(analusis)*, il s'agissait du temps de sa mort, de son départ vers l'éternité (II Timothée 4, 6). Les Grecs utilisaient ce terme pour évoquer l'affranchissement d'un esclave, la libération d'un prisonnier ou la levée d'ancre d'un navire. Analyser, ce pouvait être aussi pour eux délier quelqu'un de ses problèmes ou l'absoudre d'une accusation. Entre dissoudre et absoudre, la distance n'est pas grande et l'analyse a souvent été comparée à la confession pour cette faculté qu'elle offre d'avouer puis de défaire des habitudes. L'adulte apprend à lier et à délier son âme comme l'enfant à nouer et dénouer ses lacets, preuve qu'il n'a plus besoin d'assistance.

Réincarnation

La religion de l'*Incarnation*, le christianisme, refuse la réincarnation : l'Esprit de Dieu (la « semence divine », disaient les Pères grecs) n'a pris qu'un seul corps, celui du Christ, et les hommes ne sauraient revivre un événement unique, celui de leur venue au monde. Il n'y a qu'un Noël pour Jésus et une naissance pour les hommes.

L'Incarnation est spécifiquement chrétienne et le terme *incarnatio* ne date guère que des premiers auteurs chrétiens. La version latine du *Credo* affirme donc : *Et incarnatus est ex Maria Virgine* (« Et Il a pris chair de la Vierge Marie »). Il s'agit d'une innovation par rapport à la religion gréco-romaine où le fils d'un dieu et d'une mortelle n'était qu'un demi-dieu ou un héros.

Mais si l'Incarnation est chrétienne, la *chair* est païenne. En latin *(caro)* comme en grec (*sarx*), la chair c'est la viande et, notamment, la viande des bêtes partagée durant les sacrifices ou les repas de guerriers. Car très nombreux sont les termes des langues anciennes exprimant l'idée de couper physiquement ou de partager socialement. On sait que la capacité de tranchage mesure le niveau d'évolution d'une société paléolithique ou néolithique et le degré de perfectionnement de ses outils (silex biface, hache) au point de donner son nom à une civilisation (débitage Levallois dans la préhistoire, civilisation des Haches dans la protohistoire d'Europe centrale). Et savoir couper sa viande demeure une étape importante dans l'évolution psychosociale d'un enfant.

Dans les langues sémitiques (dont font partie l'hébreu et l'arabe, langues de la Bible et du Coran), près d'un quart du vocabulaire comporte une idée première d'entaille ou de coupure. Trancher des chairs et cueillir des plantes étaient deux tâches nécessaires à la survie de l'espèce et aux repas sacrificiels comme, plus tard, rompre le pain était un acte essentiel à la Cène du Christ et à la vie éternelle.

La *chair* partagée est conviviale. Lorsque après la mort, elle n'est plus que *charogne,* elle peut encore servir de repas aux oiseaux de proie. Il en est ainsi dans la religion zoroastrienne où, pour ne pas polluer le sol, les corps des défunts sont exposés sur des tours de silence (encore visibles à Bombay ou à Yazd, en Iran). Cette exposition des cadavres aux vautours est aussi pratiquée dans le bouddhisme tibétain, religion qui, contrairement au zoroastrisme, ne croit pas en une résurrection dans un paradis mais affirme la possibilité de la réincarnation d'un être dans un nouveau corps après une période de quarante-neuf jours appelée *bardo*. La méthode de traitement des corps est donc indépendante de leur mode de survie.

Le mot réincarnation a été introduit dans les langues occidentales au XIXe siècle pour désigner la survie de l'âme dans un autre corps après la mort et, aussi pour établir une symétrie avec le terme, beaucoup plus ancien, de résurrection. Le mot sanskrit équivalant à réincarnation est *samsâra* ou « fait de passer » d'un état à un autre, d'une vie à la suivante qui peut être divine, humaine, animale, végétale ou minérale selon que les actes *(karman)* de chaque vie sont plus ou moins bons. Car la moralité n'est pas le propre de l'humanité : on peut renaître chien et devenir pitbull ou saint-bernard, promis à une plus basse condition ou à une plus haute destinée. La cotation morale préfigure l'échelle darwinienne, l'homme étant plus élevé que la bête, elle-même supérieure à la plante.

Si l'on évoque parfois le cycle des existences, il ne s'agit nullement d'un cercle fermé ou d'un éternel retour. Mieux vaudrait utiliser l'image de la spirale ascendante ou descendante selon que le bien ou le mal domine car le résultat d'une vie n'est jamais nul. Quant à l'image de la roue, omniprésente dans le bouddhisme (où il vaut mieux parler de renaissance que de réincarnation car le bouddhisme ne postule pas la réalité de l'âme et, donc, sa présence dans un corps), elle évoque la roue du char qui avance ou la roue de la noria qui fait monter l'eau : en aucun cas, ce temps « cyclique » ne tourne en rond.

L'équivalent grec de réincarnation est métempsycose (« animation au-delà »). Le terme apparaît, en grec et en latin *(metempsychosis)* vers le Ier siècle avant J.-C. pour désigner diverses doctrines dans lesquelles une âme peut habiter un nouveau corps au-delà de la mort.

Appliquer un mot créé au XIXe siècle à des doctrines antiques est un piège redoutable. On a cru voir de la réincarnation dans les religions égyptienne ou celtique mais les preuves manquent. Cette croyance apparaît vers le VIIe siècle avant J.-C. en Inde et vers le VIe siècle avant J.-C. en Grèce (dans les mystères d'Orphée) sans qu'on puisse prouver une relation certaine entre ces deux innovations.

La croyance en la réincarnation persiste dans les cercles gnostiques du christianisme primitif, dans des dissidences mystiques comme celles des cathares ou dans une mouvance ésotérique comme la Kabbale : en août 2000, le rabbin orthodoxe Ovadia Youssef a même honteusement déclaré que les six millions de victimes de la Shoah étaient des « réincarnations d'âmes pécheresses ».

Aujourd'hui, croient en une succession d'existences, du moins en principe, hindous, bouddhistes, sikhs mais aussi druzes. Pour ces derniers, très présents au Liban et en Israël, et se rattachant à l'islam, il n'y a qu'un nombre limité d'âmes dans le monde. Elles ne peuvent donc habiter un nouveau corps qu'en se retirant du précédent. Cette étonnante croyance, qui rend inutiles et même néfastes les conversions (les druzes ne sont pas prosélytes), montre qu'il n'y a pas de frontière parfaitement étanche entre les religions de la réincarnation et celles de la résurrection.

Religion

Vox populi, vox Dei. Ainsi en est-il de l'étymologie populaire qui finit toujours par s'imposer malgré ses erreurs : « la religion est ce qui relie », dit-on le plus souvent. C'est faux pour la grammaire et à moitié vrai pour la théologie.

Religion ne vient sans doute pas du verbe latin *religare* signifiant lier à nouveau. Cette origine a été supposée par les premiers auteurs chrétiens, notamment Tertullien, pour insister sur le double lien qu'établit l'Église chrétienne entre le fidèle et Dieu comme entre les croyants de la communauté. Foi et charité sont les deux vertus de ces attachements qui étaient moins étroits dans les religions « païennes » aux doctrines plus accommodantes et aux fidèles moins solidaires.

Mais des liens aussi serrés ne peuvent se dénouer que par la force. À la différence des cultes gréco-romains souvent ressemblants voire interchangeables, la religion du dieu unique créait une véritable rupture dans l'ordre des croyances. La religion devint ce qui divise, oppose, ébranle, conformément à la parole de Jésus : « N'allez pas croire que je sois venu apporter la paix sur la terre ; je ne suis pas venu apporter la paix, mais le glaive. Je suis venu séparer l'homme de son père, la fille de sa mère, la belle-fille de sa belle-mère : on aura pour ennemis les gens de sa maison » (Matthieu 10, 34-36, d'après Michée 7, 6).

À l'élastique ou à la cordelette des liens entre « païens », le christianisme a substitué des liens solides et cassants : Jésus brise les chaînes du péché en étant cloué au bois de la Croix. Cette dureté se retrouve dans l'islam où la communauté *(oumma)* ne trouve sa cohésion et la doctrine sa cohérence qu'au prix d'affrontements avec les « infidèles ».

Si la religion unit et divise, elle est aussi ce qui retient (d'oublier ses devoirs) et oblige (envers les dieux). Le latin *religio* a ce double sens de scrupule et de respect, de crainte pieuse et de vénération. Ce substantif est probablement dérivé non pas de *religare* mais de *relegere* signifiant *recueillir* de nouveau.

Entre relier et recueillir, la différence de sens ne semble pas énorme. Mais la nuance se situe au niveau du choix : *lego* signifie « je lis » en latin et « je dis » en grec parce que lire, c'est trier des lettres et dire, choisir ses mots. En ce sens, la religion relève bien des choix de vie (dans le *recueil-*

lement, au cours d'une *récollection*), du choix de textes (dans les *recueils* sacrés) et du choix d'objets (le *sacrilège* est celui qui choisit pour les voler ces objets sacrés). La religion se veut un choix raisonné, *intelligent* et, en ce sens, son contraire est la *négligence*.

Il ne faut toutefois pas confondre le mot et l'idée. Le latin *religio* s'est transmis aux langues latines (italien *religione*, espagnol *religión*, portugais *religiao*), germaniques (anglais *religion*, allemand *Religion*) et slaves (russe *religia*). Mais, en grec, la religion *(therapeia)* est un service de soins (aux dieux et aux hommes) et, en chinois *(jiao)*, un devoir d'enseignement.

Chaque peuple, chaque langue a son idée de la religion. Au Cameroun, dans la langue douala, les Africains ont traduit religion par « petit fichu » *(ebassi)* parce que les missionnaires demandaient aux femmes de se couvrir la tête pour entrer dans l'église. Comme les Européens parlent de foulard islamique alors que son port obligatoire est bien antérieur à Mahomet, ces Africains ont associé le fichu à l'Église même si, de nos jours, on ne porte plus la mantille qu'aux audiences pontificales. Ainsi, le nom même de la religion a-t-il été, pour eux, lié à une tenue de choix, *élégante*.

République

Il existe un lien étroit entre le corps intime et l'homme social. C'est du partage utile de cette intimité que naît la cohésion d'un peuple qui forme la république (anglais *republic,* allemand *Republik,* italien *repubblica,* espagnol et portugais *república*).

Le mot peuple n'a, en latin (*populus*), pas d'adjectif. Pour dire « populaire », la langue de Cicéron a donc choisi un terme, *publicus,* qui est l'adjectif de *pubes,* nom féminin désignant les poils de la *puberté* (distingués de « *capilli* », les cheveux, d'où vient le français « capillaire »), notamment, ceux du *pubis* et nommant aussi la population mâle adulte qui porte ces poils. C'est donc un mot féminin qui désigne un groupe masculin.

Les rapports entre la république et la pilosité ne nous semblent pas aujourd'hui évidents d'autant que les « barbus » islamiques prêchent pour une théocratie. Les « poilus » de 1914 sont plus proches de notre sujet car les Romains ne séparaient pas le service militaire des institutions *publiques.* Pour eux, la *res publica,* littéralement la « chose du poil », était la propriété de la *pubes,* cette collectivité des hommes *pubères* en âge de porter les armes et de voter les lois. À seize ans, les garçons revêtaient la toge virile avant d'effectuer une préparation militaire et de devenir mobilisables dans les légions puis électeurs et éligibles dans les différentes assemblées (un système équivalent existait en Grèce où les éphèbes de dix-huit ans recevaient une formation militaire avant de devenir citoyens). La puberté masculine, qui fait saillir la « pomme d'Adam », permettait de donner sa voix aux élections.

La légion était un banc d'essai électoral puisqu'elle était un « choix » (*legio*) de compagnons d'armes. Ce recrutement au choix était probablement moins affectif que raisonné (à la différence des couples de soldats grecs du semi-mythique bataillon thébain) et permettait à chacun d'évoluer dans un environnement favorable et consenti où il se sentait responsable et protégé.

Un tel sentiment fondait aussi la république où s'équilibraient les devoirs et les droits, l'impôt du sang et la voix des urnes. Les petites républiques du Moyen Âge, tels les cantons suisses ou les villes hanséatiques, conservèrent cette symétrie en faisant de chaque citoyen un soldat. Et la Révolution française de 1793 établit en même temps le suffrage universel et la levée en masse.

Nos républiques modernes semblent s'écarter de ce principe fondateur pour des raisons tenant à l'âge et au sexe. La puberté plus précoce pose la question du statut des adolescents : si l'enfant a toujours relevé de la sphère privée, quelle est la place de ceux qui ont un corps adulte et un âge mineur ? Leur participation aux conseils de classe ou d'administration des collèges et lycées est une forme d'apprentissage à la vie *publique*. Car si la crise œdipienne remplace le face-à-face avec la mère par la relation triangulaire de l'enfant avec le couple parental, l'âge *pubertaire* substitue à la cellule familiale la communauté sociale.

Quant à la vieillesse prolongée, elle donne la majorité des voix à ceux qui ont fini de produire. Sans doute le bénévolat du troisième âge est-il un service civil qui procure à la république une main-d'œuvre gratuite comme si le besoin d'être utile à la collectivité était inséparable de la faculté d'en retirer des avantages. De même, la suppression du service militaire engendre-t-elle de nouvelles façons de se rendre utile : l'humanitaire succède à la coopération, elle-même version civile du service national.

Le goût de servir n'a jamais été aussi vif que depuis le déclin des militaires et des religieux : on civilise et laïcise des fonctions qui concernent désormais hommes et femmes. Dans la république d'autrefois, celles-ci n'avaient pas besoin de porter les armes puisqu'elles avaient l'accouchement comme champ de bataille. Maintenant que l'obstétrique est moins sanglante et l'enfantement moins douloureux, les femmes peuvent officier dans les armées et marquer leur entrée pleine et entière dans la sphère publique en portant l'uniforme. Telle est, du moins, la conception israélienne de la citoyenneté.

Tout ce qui relevait de la vie publique était naguère réservé aux hommes adultes : les cafés (le *pub* anglais), les journaux (les *publications*), etc. Désormais la *publicité* touche aussi les femmes (et les enfants). Mais on n'oubliera pas que cette émancipation des femmes est historiquement liée aux guerres durant lesquelles elles ont remplacé les hommes partis au front, en servant leur pays dans les usines d'armement voire dans la Résistance armée : le droit de vote des femmes date de 1918 en Grande-Bretagne et en Russie, de 1945 en France et en Italie. Le « sexe faible » a ainsi appris que le pouvoir est au bout du fusil, ce symbole phallique que portent aussi des femmes depuis qu'elles sont soldats.

Résurrection

C'est le mot diabolique de la théologie chrétienne : un casse-tête chinois de la langue française (et anglaise) qui l'a hérité du latin *(resurrectio)*. Car le nom (résurrection) et le verbe (ressusciter) sont de formation très différente.

Ressusciter vient du latin *ressuscitare* signifiant réveiller, rallumer (la colère), relever, faire revivre et, chez les auteurs chrétiens, ressusciter. Mais la version latine du Nouveau Testament

(Vulgate) ne l'utilise guère plus que le substantif correspondant *ressuscitatio* qui est employé toutefois par des Pères de l'Église pour qualifier la nouvelle vie de Jésus après Pâques. En français, *ressuscitation* désigne, au Moyen Âge, les moyens de ramener un malade à la vie et, aujourd'hui, les méthodes de réanimation lourde.

Ressusciter est formé, avec le préfixe de répétition *re,* à partir du verbe susciter issu du latin *suscitare* (« soulever »), lui-même construit à partir du préfixe *sub* (sous) et du verbe *ciare* (« mettre en mouvement »). Ce terme se rattache à une racine indo-européenne, *kei,* possédant un sens « cinétique » et d'où dérivent des mots français aussi différents que *cinéma, citation, souci ou sollicitude.* Cette famille de mots concerne tout ce qui mobilise des hommes, des objets ou des sentiments et, notamment, ce qui ressuscite un être.

Mais la Vulgate préfère utiliser un autre verbe, *resurgere,* formé du même préfixe *re* et de *surgere* (« se lever, se mettre debout »). *Resurgere* signifie donc « se relever », « se redresser » physiquement ou moralement. *Resurgere* comprend, comme *resuscitare,* le préfixe *sub* indiquant un mouvement de bas en haut et, donc, une dimension verticale, physique ou métaphysique. *Resurgere* et *resuscitare* ont des significations très voisines même si le premier a un sens plus physique et géométrique. Il est en effet construit autour du verbe *regere* (cf. droit*) impliquant une idée de rectitude physique ou morale.

Resurgere a un sens voisin d'*erigere* (*ex, regere*)

signifiant « mettre debout », « redresser ». L'*érection* d'une statue pour un défunt est d'ailleurs un moyen de le ressusciter dans les mémoires. Quant à l'érection du sexe, elle est bien ce symbole de désir que Freud et Lacan opposaient à la mort. Tout ce qui est dressé s'oppose d'ailleurs à la posture des défunts, celle des gisants. Pour dire que Jésus est ressuscité, les bibles anglaises disent qu'il « se dresse » (*raise up*).

Et le christianisme a voulu vaincre la mort par un instrument dressé sur le monde, la Croix. De même la plus extraordinaire scène de « résurrection » filmée est, sans doute, celle du film d'Abel Gance, *J'accuse* (1937). On y voit les morts de la Grande Guerre se redresser pour éviter un nouveau conflit, les squelettes retrouvant chair pour vivre en paix et signer la victoire des « croix de bois » sur les « orages d'acier ».

Car toute l'histoire de la résurrection est liée aux guerres. Les Juifs ne croyaient qu'en un vague séjour des morts, le shéol, jusqu'à ce que leur défaite et leur Exil à Babylone (587-538 av. J.-C.) ne les pousse à désirer une « remontée des tombeaux » pour une nouvelle vie « sur le sol d'Israël » (Ezéchiel 37,13).

C'est la célèbre vision des « ossements desséchés » qui retrouvent la chair de l'homme puis le souffle de Dieu. La chair seule ne revit pas (elle est semblable aux momies égyptiennes) mais le souffle divin est une haleine de vie, une ressuscitation post-mortem à partir des os conservés.

C'est pourquoi le judaïsme (comme l'islam) a toujours refusé l'incinération.

En 165 avant J.-C., la terrible guerre des Maccabées contre la culture grecque du roi Antiochus IV Épiphane amène les Juifs à reporter leur espérance sur une vie future. Un martyr torturé dit à ses bourreaux : « Scélérat, tu nous exclus de la vie présente mais le roi du monde, parce que nous serons morts pour ses lois, nous ressuscitera pour la vie éternelle » (II Maccabées 7, 9). Le verbe grec utilisé (il n'existe pas de texte hébreu de ce livre), *anistémi,* signifie « se remettre debout » et correspond au latin *resurgere.*

La foi en cette vie éternelle ne se diffusa que lentement et, au temps de Jésus, les sadducéens, proches du Temple de Jérusalem, ne croient toujours pas en la résurrection. Jésus, proche des pharisiens, y croit et il « est ressuscité » par son Père : tous les verbes relatifs à la résurrection sont à la voix passive et l'on ne peut donc pas dire que Jésus ressuscite.

Si Jésus est ressuscité « le troisième jour » (celui de Pâques), les croyants seront ressuscités « au dernier jour » (celui du Jugement dernier) après un long sommeil de la chair, l'âme pouvant jouir, après la mort, du Paradis*. La fin du monde tardant et l'attente paraissant longue aux chairs impatientes, des disciples grecs de Paul, Hyménée et Philétas, affirmèrent que la résurrection (spirituelle) a déjà eu lieu, pour les chrétiens, par leur baptême (II Timothée 2, 18). La résurrection corporelle, difficile à concevoir pour des Grecs (croyant plutôt en l'immortalité de l'âme), était ainsi implicitement niée.

Aujourd'hui, la plupart de nos contemporains, y compris chrétiens, ne croient plus guère que les tombeaux vont s'ouvrir et ils sont d'ailleurs de plus en plus nombreux à se faire incinérer, ne comptant que sur une éventuelle survie d'une âme imprécise et, surtout, sur la pérennité de leur descendance pour entretenir leur mémoire. Toute évocation des disparus, tout mémento des défunts est une résurrection du souvenir.

Restent les extraordinaires progrès de la médecine avec ses greffes d'organes, ses cultures de tissus et ses clonages d'embryons. Au-delà des débats éthiques, ils renouvellent le problème de la mort en permettent une survie partielle de la chair. Quant à la réanimation lourde, néonatale ou post-traumatique, elle apporte par les tubes salvateurs ce que la Bible attribuait au souffle divin. Et quand Jean-Pierre Chevènement put ainsi surmonter un accident d'anesthésie, la presse eut médicalement raison d'en faire un « ressuscité républicain ».

Royaume

Les *rois* se portent bien. Royaume (espagnol et portugais *reino,* italien *reame*) et *régime* sont d'ailleurs des doublets montrant que la *royauté* fut longtemps l'institution de *droit* commun (voir droit*), ce que la Révolution française appela l'*Ancien Régime*. Aujourd'hui encore, l'Espagne, la Belgique, les Pays-bas, la Norvège, la Suède, le Danemark et le *Royaume-Uni* sont des monarchies parlementaires qui font du roi une personne « inviolable », bénéficiant d'une immunité garantie par les constitutions de ces pays. Celle du Danemark ajoute que le roi est « sacré ».

Si les pouvoirs de ces monarques sont faibles, leur prestige est d'autant plus grand que leur responsabilité est souvent inexistante. Ils ne peuvent pas être mis en minorité par une assemblée ni mis en examen par un magistrat : le roi peut être « inviolable » et violeur. La France, qui ne se pardonne pas d'avoir guillotiné Louis XVI, a semblé donner une pareille impunité à son président lorsque le Conseil constitutionnel le déclara irresponsable pénalement durant son mandat. Inviolable, il est impénétrable, inconnaissable, invulnérable et son prestige est celui d'un père divinisé : punir le chef suprême relèverait du parricide et du sacrilège.

La plupart des religions ont associé royauté terrestre et souveraineté divine. Dans les langues sémitiques, une même racine (« m, l, k »), désigne un roi (*melek* ou *malik*) et un dieu (cf. *Moloch*, le dieu cananéen de la Bible). Aujourd'hui encore, des chrétiens orientaux sont dits *melkites* parce qu'ils choisirent, lors des grandes controverses christologiques du Ve siècle, la foi de l'empire de Byzance.

Dans les langues indo-européennes, le mot *roi* vient généralement de la racine *reg* (voir droit*) qui a fourni de nombreux composés au sens tantôt religieux tantôt juridique : *rogation* (demande adressée à un dieu), *dérogation, abrogation, subrogation, prorogation,* etc. La requête est une supplique à un être infaillible et tout-puissant, disposant de *prérogatives*. Divin ou *royal,* le trône craint toujours que le doute entoure la foi, que le peuple s'*interroge* sur la supériorité d'un seul et se décide à renverser de leur piédestal les idoles et les monarques. Comme s'il n'y avait pas de dieu sans roi ni de sacré sans sacre. Toutefois, dans les langues germaniques, le roi est « celui qui est bien né », l'anglais *king* et l'allemand *König* dérivant de la racine *gen* (voir génération*) expriment l'idée de naître : ce qui est primordial est la filiation.

Le vocabulaire royal est encore très présent dans la religion chrétienne : le Christ est roi et fils de roi (David), son paradis est le royaume céleste et son retour sur terre sera le *règne* de Dieu. Cette ambiance royale se renforça quand, dans le christianisme, on appela les églises des basiliques ou « lieux du roi » (en grec *basileus*) parce que ces bâtiments étaient d'anciens édifices publics. Il semble difficile de modifier ce vocabulaire et d'offrir comme lieu de béatitude une république des cieux : même si l'Église* est l'assemblée des croyants, le dieu unique exerce un pouvoir solitaire que le grec nomme monarchie.

Du « roi René » (Vietto) au « roi Pelé », le monde sportif sacralise ses champions : comme les dieux de l'Olympe, la voix populaire décerne des couronnes de lauriers aux vainqueurs du moment. Elle sait que la jeunesse du corps est le royaume de l'éphémère, antidote au pouvoir des vieillards et à la morgue des héritiers car l'exploit est trop personnel pour être transmissible.

Comme les grenouilles qui demandent un roi, lassées « de l'état démocratique », le public veut voir tomber du ciel un « roi qui se remue », adversaire intrépide des puissances installées, qui renouvelle en un temps record les stocks de notables. Il veut un roi dont-il serait le grand électeur et n'aurait d'autre empire sur lui que de guider ses rêves.

Il faut de l'imaginaire en cette puissance et, de Louis XIV guérissant les écrouelles au Grand Inca commandant au Soleil, il y a toujours eu du surnaturel dans la royauté. La meilleure illustration en est l'histoire des « rois mages », pourtant guère plus monarques qu'un « curé de campagne » n'était roi de France. Car les mages étaient de simples prêtres zoroastriens et, par extension, des ministres de divers cultes orientaux n'ayant pas la moindre autorité politique. Mais la tradition populaire a vu dans ces religieux des souverains tant l'on associe spontanément pouvoirs magiques et fonction royale.

Sacré

Le sacré est ambigu : il se confond souvent avec le maudit ou le honteux. Le mot sacré (espagnol et portugais *sagrado,* italien *sacro,* anglais *sacred*) vient du latin *sacer* désignant ce qui appartient au domaine du divin et se voit exclu du contact des hommes ordinaires. Le sacré s'oppose au profane, comme espace réservé aux dieux, à leurs temples et à leurs prêtres.

Mais le sacré n'est ni bon ni mauvais : le *sacrum* était un os d'animal proche des entrailles que les devins examinaient dans les aruspices. Les vertèbres *sacrées* sont au contact des zones de l'excrétion et de la génération mais ce voisinage avec les organes « honteux » n'est pas contradictoire avec leur nom.

De même, le *sacerdoce* des prêtres les met non pas à l'abri du mal mais à l'écart des hommes. Qu'ils puissent être violeurs d'enfant dans une Église chrétienne ou prostitués sacrés dans le culte de Baal ne change rien à leur statut d'hommes à part. Il n'est pas comme les autres, celui qui se *consacre* aux choses du divin : il peut être brahmane végétarien chez les Hindous ou berdache travesti chez les Sioux mais son mode de vie et ses apparences, ses coutumes et son costume en font un être différent.

Les Romains disaient même : « Que celui qui a violé la loi soit *sacer*. » Selon la formule de Benveniste, le sacré est « *consacré* à un dieu et chargé d'une souillure ineffaçable, auguste et maudit *(exécré)*, digne de vénération et suscitant l'horreur ». Car la notion de sacré est antérieure à la séparation, opérée dans la religion iranienne et dans le judéo-christianisme, entre l'Esprit du Mal et celui du Bien. Le sacré n'est donc ni bon ni mauvais.

En proclamant le sacerdoce universel des baptisés, le protestantisme a mis fin aux prêtres, aux *sacrements* et aux *sacrifices*. Le seul acte sacré est le baptême que tout homme peut administrer : il n'y a pas d'hostie consacrée à la messe ni d'objets sacrés dans les *sacristies* dont le vol serait un *sacrilège*. De même, le bouddhisme a mis fin au *sacerdoce* de brahmanes, à leurs enclos réservés dans les temples et à leurs fonctions exclusives dans les cérémonies : le moine bouddhiste ou chrétien ne dispose d'aucun pouvoir *sacramentel* et n'a d'autre force que la prière. Il en est de même pour le rabbin juif et l'imam musulman.

Ce qui tend vers le sacré est dit *saint* : le participe latin *sanctum* définissait ce qui était rendu sacré et inviolable au moyen d'une *sanctio* : cette sanction pouvait être une loi religieuse plutôt sévère (d'où le sens de punition). Le caractère ecclésiastique du mot s'est maintenu jusqu'à la fin du Moyen Âge et la Pragmatique *Sanction* de Bourges, acte royal de Charles VII (1438), fixait le statut de l'Église en France, confiant l'élection des évêques aux chapitres des cathédrales et celle des abbés aux moines des abbayes, sous réserve de ratification épiscopale.

Malgré l'expression *sacro-saint,* le saint n'est donc pas tout à fait le sacré : celui-ci est tabou, celui-là est vénérable. On peut *sanctifier* un jour, comme la fête de tous les saints, la *Toussaint,* mais celle-ci honore des hommes estimables, pas forcément consacrés : un saint se distingue par ses vertus héroïques mais il n'est pas toujours un homme du sacré. Et, dans le catholicisme, les saintes sont exclues du sacré puisqu'elles ne peuvent accéder au sacerdoce.

La frontière entre le saint et le sacré est parfois floue, notamment lorsque ces termes sont appliqués au judaïsme dont la langue sacrée, l'hébreu, possède un mot (*qadosh*) correspondant aux deux notions : ce qui est *qadosh* est à la fois séparé (du profane) et vénérable. La Terre sainte d'Israël, promise à Moïse et à ses descendants, est donc distinguée parmi toutes les autres et réservée aux juifs. Cette réserve foncière fait d'ailleurs obstacle à une installation d'Arabes chrétiens ou musulmans sur les territoires achetés par l'Agence juive (la quasi-totalité du territoire d'Israël).

Doit-on sanctifier un seul pays sur la planète ? Le Nouveau Testament semble s'y opposer puisque l'expression Terre sainte n'y figure pas une seule fois. Ce qui n'empêche pas les pèlerinages en Terre sainte de se multiplier comme si le christianisme, religion universelle, avait aussi besoin d'un espace délimité et sanctifié. Il est d'ailleurs à remarquer que l'État de la Terre sainte, Israël, est aussi celui qui a la plus forte proportion au monde de son territoire transformé en parcs nationaux qu'on appelle des *sanctuaires* de la nature.

Reste un ultime héritage du sacré, présent même dans les sociétés profanes, celui du *serment*. Ce mot est une évolution tardive, datant du XIIIe siècle, du latin *sacramentum*. Si celui-ci désignait, en latin ecclésiastique, un rite, un mystère ou un acte liturgique chrétien, il avait auparavant signifié, en latin classique, un dépôt consigné par les plaideurs entre les mains des pontifes romains, prêtres chargés de la jurisprudence religieuse. Cette sorte de caution était versée au trésor public ou au budget des temples si le plaideur perdait son procès. Les légionnaires romains transformèrent le gage financier en engagement moral et firent de ce *sacramentum* un serment de fidélité aux consuls et à la patrie, prononcé en invoquant les dieux de la cité.

Le serment conserva, au Moyen Âge, le sens de promesse faite au nom de Dieu, et ce terme trouva de multiples emplois dans le langage judiciaire où la vérité a besoin d'une garantie solennelle et d'une croyance supérieure, la foi du serment. La république laïque a conservé cette procédure, de plus en plus employée à cause de la multiplication des procès et, donc, des témoins. C'est ainsi que les robes noires des magistrats et des avocats ont remplacé celle des prêtres pour maintenir, dans la justice des hommes, le sens du sacré.

Sagesse

Savoir, saveur, sagesse, trois mots de même origine et dont le sens premier est le goût. Ces termes sont issus du verbe latin *sapere* exprimant le fait d'avoir du goût ou d'exhaler une odeur, au sens propre ou figuré. Tout ce qui fournit de la *sève* ou du *suc* est à *savourer*.

Car les qualités gustatives ou olfactives peuvent être psychologiques ou artistiques et opérer un discernement entre ce qui est de bon goût ou demeure *insipide*. Le flair permet de sentir une situation, d'en percevoir les composantes pour en obtenir un savoir. Celui-ci est donc sensoriel : comme les Anciens (Hébreux, Grecs ou Romains) disaient connaître une femme par le sexe (c'est la fameuse connaissance biblique), ils obtenaient un savoir par les sens. À l'inverse, le *maussade* (« mal sapide ») est désagréable, grossier, malappris, victime de perceptions négatives.

À la différence de la science* qui tranche entre le vrai et le faux, et « scie » les arguments pour démolir les faux-semblants, le savoir (jadis orthographié « scavoir » par fausse étymologie) accumule les expériences pour donner son jugement. La science est un tri et le savoir une somme : le génie est jeune, le *savant* est vieux.

Le *sage* (anglais *sage*, espagnol *sabio*, italien *saggio*, portugais *sábio*) aussi : le genre *sapiential* est fondé sur l'ancienneté des œuvres et des hommes. Dans la Bible, l'Ecclésiaste se vieillit de sept siècles et se dit collaborateur de Salomon alors que son livre n'a été écrit qu'à l'époque hellénistique. La sagesse est le fruit de la durée et sa littérature se veut plutôt conservatrice.

C'est dans les époques de bouleversement qu'elle connaît ses plus grands succès. La mode actuelle des sagesses orientales et extrême-orientales coïncide avec un déclin des prédicateurs révolutionnaires. Du passé faisons table rase, disaient ceux-ci. Du passé tirons les leçons, répondent les sages.

Les sages succèdent aux prophètes, dans la Bible comme de nos jours. Les savants remplacent les ignorants et leur mémoire ne fut jamais aussi vénérée qu'aux premiers temps de l'école obligatoire. Le vieux savant couvert d'honneurs atteignait le glorieux terminus du parcours académique. Et les sociétés *savantes* étaient les antennes locales du savoir universel.

Désormais, les vieux savoirs sont périmés et les anciens goûts démodés. Mais l'engouement pour les nouvelles technologies et leurs extraordinaires facultés de mémorisation laisse présager de nouvelles formes de connaissance. Qu'on cherche à les rendre attractifs par le graphisme et l'image montre qu'on ne perd jamais le goût de *savoir* ni le plaisir de penser.

Salut

Saluer (espagnol *saludar*, italien *salutare*, portugais *saudar*) est un geste qui *sauve*. L'anodin signe de politesse est *salutaire* en ce qu'il exorcise l'angoisse de la mort et la peur du cadavre. Car, via le latin *saluus*, salut est issu d'une racine indo-européenne *sal* ou *sol* exprimant le fait d'être entier ou intact, à l'inverse d'un corps décomposé.

Si le défunt devient poussière, le vivant est un bloc de chair dans un peuple en masse. Un jour, ses forces seront entamées et son énergie défaillante. Il lancera alors une prière de *salut* comme le *Salve Regina*, l'hymne marial composé pour les croisés affrontant le danger : on peut le comprendre comme signifiant « Salut Reine » mais aussi « Sauve-nous Reine ».

En cas de péril majeur, on peut lancer un S.O.S. : *Save our souls* (Sauvez nos âmes). Le message est hypocrite pour ceux qui croient les âmes immortelles : ils demandent seulement que leurs corps soient sains et saufs. Quant à l'argent, pour le sauver de sa perte, il faut l'épargner, verbe qui se traduit en anglais par *to save*.

La racine *sal* a fourni le sanskrit *sarvah* signifiant « tout », terme très utilisé dans le vocabulaire religieux : les divinités indiennes savent tout, peuvent tout, guérissent tout et cette dimension totalisante du divin explique pourquoi les religions ont aussi longtemps résisté à la démocratie faite de pouvoirs séparés, de mandats temporaires et d'élections partielles. La démocratie est le contraire du tout : c'est le règne des partis.

La racine *sal* a donné le grec *holos* (entier) que l'on retrouve dans *olographe* (testament écrit entièrement de la main du testateur), *holocauste* (sacrifice où la victime était entièrement brûlée) et *catholique* (« sur la totalité », d'où général, universel).

Par le latin *saluus,* cette racine a fourni de nombreux mots au sens physique ou moral : *salubre* et *sauvegarde, solide* et *solidaire, sou* (pièce d'or massif), *solde* (payée en sous) et *soldat* (payé par solde) ; *solliciter* (remuer, inquiéter entièrement) et *soucier ; soudard* (soldat engagé pour une solde) et *soudoyer* (payer une solde), *solennel* (qui a lieu quand l'année est entièrement écoulée) et *sauge* (plante médicinale qui rend *sauf*).

Tous ces mots excluent la brisure ou la scission comme si l'homme redoutait le morcellement de son être et la division de ses biens. Cela rend encore plus surprenants les gestes du Salut chrétien accomplis par Jésus, ceux de la fraction du pain et du partage de son corps. Le Christ vécut durant la grande époque des dieux et des rois *sauveurs*, celle du culte de Mithra et du règne des Augustes, où les dieux présidaient des repas et où les empereurs offraient des banquets. Il fallait donc fractionner une nourriture pour ressouder un corps social : « Puisqu'il y a un seul pain, nous sommes tous un seul corps » (I Corinthiens 10, 17), disait saint Paul aux habitants de Corinthe, ville où les repas religieux étaient aussi nombreux que les cultes à mystères.

Les langues germaniques nous donnent une saisissante illustration de la dimension totalisante du fait religieux. La racine *sal* a donné les mots anglais *all* (tout), *whole* (entier), *healthy* (en bonne santé) et *holy* (saint) ainsi que les mots allemands *alles* (tout), *heil* (sain) et *heilig* (saint). La santé et la sainteté sont placées sous le signe de la perfection, dans le prolongement des sacrifices antiques où la victime devait être sans défaut. Le mieux à même de jouir d'une éternelle santé, le Christ vivant, est aussi celui qui n'a jamais péché. Mais, en tant qu'homme, il n'en a guère profité : il est mort jeune comme beaucoup de *sauveteurs* qui, d'accidents en catastrophes, périssent avant l'heure pour la *sauvegarde* d'autrui.

Scandale

Au faux pas du péché* correspond le piège du scandale. Le premier amène à trébucher sur la voie de la vertu et le second à s'effondrer aux yeux de l'opinion. Dans les deux cas, il y a chute, perte du sens vertical et de la stature morale.

La racine indo-européenne *skand* exprime le fait de sauter, c'est-à-dire de franchir un obstacle ou de parcourir une distance ne permettant pas une progression continue : le saut est une rupture dans une béance, parfois une victoire sur le vertige car il ne faut pas trop regarder ce qu'il y a sous la surface sous peine de buter sur le scandale (anglais *scandal,* allemand *Skandal,* espagnol *escándalo,* portugais *escândalo,* italien *scandalo*).

En sanskrit, cette racine désigne le fait de sauter ou de jaillir mais aussi de couler ou de périr, tant le saut est aléatoire. Le substantif *skanda* nomme la destruction ou la perte. Personnifié, il est le dieu de la guerre, fils de Shiva, né du seul sperme de celui-ci sans le secours d'aucune femme. Éternel adolescent à la force immense, la flèche de son arc ne manque jamais son but. Son animal-support est un paon (symbole de l'orgueil) qui tue les serpents (symboles phalliques). *Skanda* représente donc la puissance de l'abstinence sexuelle en lutte contre les poisons moraux et les influences venimeuses. Il est très peu *scandaleux* : les dieux indiens étant des homéopathes ou des immunologues combattant le mal par le mal, Skanda assainit le monde, alors qu'il fut conçu d'une façon malsaine et devint monstre ou héros grâce à la liqueur séminale, poison immortel.

En grec, *skandalon* désigne une pierre d'achoppement, un piège sur un chemin, un obstacle pour faire tomber. Le sens de chute morale apparaît dans la bible grecque et dans le Nouveau Testament avec des significations ambiguës : tantôt Jésus provoque le scandale en transgressant la Loi juive (par exemple, en ne se lavant pas les mains avant de passer à table), tantôt il condamne le scandale suscité par le péché (il vaut mieux arracher son œil plutôt que de le voir scandaliser autrui), tantôt il redoute le scandale provoqué par sa mort (un supplice infamant). En somme, le scandale pour les uns est la norme pour les autres, le plaisir innocent se transforme en mal absolu et l'ignominie en Rédemption.

Les examinateurs de concours, habitués à la double correction, savent bien qu'une même remarque d'un candidat peut susciter louanges ou blâmes, et que l'écart de notes est d'autant plus fort que les correcteurs n'ont pas la même échelle des valeurs. La racine *skand* a d'ailleurs fourni, via le latin, de nombreux mots exprimant une différence de niveau : *échelon, ascension, descente, escalade, ascenseur, transcendance, scansion* (on *scandait*, les vers en montant et baissant le pied), etc.

Ce qui apparaît scandaleux, c'est que quelque chose ne soit pas à sa place, au juste niveau, au bon moment. Un scandale est un propos déplacé un salaire excessif, une vérité prématurée. La distance mentale dépasse l'entendement, à propos des cassettes porno des abbés pédophiles, des amitiés d'extrême droite d'un président socialiste ou des escroqueries des associations de bienfaisance. Le scandale, c'est le grand écart qui choque le citoyen moyen, habitué aux petits pas des vies prudentes.

Mais la chute fascine. La foule s'agglomère sur les sections pavées de Paris-Roubaix, près de la rivière du steeple-chase ou dans les virages serrés des rallyes automobiles, là où les héros tombent, se font mal et *redescendent* de leur statut de demi-dieu. Un scandale éclate pour rétablir des proportions, rapprocher des semblables. Les scandales boursiers se produisent quand les salaires prennent l'*escalier* et les profits l'ascenseur.

La révélation est brutale, elle exige une victime. La Révélation de Jésus était inouïe et se symbolisa par le « scandale de la Croix ». Faut-il donc tolérer le mensonge pour ne *scandaliser* personne ? En 1894, lord Rosebery, premier ministre de Sa Gracieuse Majesté, accusé d'avoir été l'amant de son jeune secrétaire, Francis Douglas, qui s'était suicidé, eut cette réponse : « Toute vérité nue et crue n'a pas assez passé par l'âme. » La presse anglaise ne dit mot du sujet et concentra ses tirs sur Oscar Wilde, amant d'Alfred Douglas, frère de Francis. Et le public fut content car il eut son scandale.

Science

Le savoir procède par accumulation et la science par retranchement. Le premier est affaire de goût, d'expérience, de labeur et s'apparente au métier de l'œnologue comparant des centaines de crus. La seconde est un travail de séparation qui trie les arguments et classe les objections.

Le mot science (espagnol *ciencia,* portugais *ciência,* italien *scienza,* anglais *science*) est issu, via le verbe latin *secare,* d'une racine indo-européenne *sek* ou *skei* exprimant l'idée de couper. En dérivent de nombreux termes comme *scie* et, peut-être, *signe* (marque faite initialement par *incision*). Tous ces mots marquent une coupure physique ou morale et fragmentent le savoir humain en *secteurs* de pensée ou d'action jusqu'à ce qu'on retrouve cet *insécable* qui, pour les Latins, était l'*insecte* et, pour les Grecs, l'atome.

La science soumet les propositions au crible de ses analyses et au tamis de ses méthodes : elle a ses grilles de lecture et ses comités de sélection qui *dissèquent* les articles *scientifiques* et *segmentent* les affirmations trop globales. Son couperet tombe sur les amalgames, sa guillotine tranche dans les digressions verbeuses ou les envolés lyriques.

Les instances *scientifiques* siègent en *sections* et *sous-sections* : une nouvelle discipline est souvent un morceau d'une ancienne qui s'oppose à ses voisines et découpe le champ du savoir en étroites parcelles. La science divise l'objet de ses recherches et le groupe de ses chercheurs. Car toute avancée suscite des remises en cause de doctrines vénérables et de maîtres prestigieux : la science s'oppose à la religion en ce qu'elle refuse les autorités infaillibles et les formules sacralisées.

La science est une suite d'erreurs rectifiées et la foi une somme de vérités éternelles. Le fondamentalisme biblique enseigne la Création en sept jours, sans ôter un iota aux dogmes millénaires alors que le darwinisme ne cesse d'évoluer avec le progrès de la paléontologie. La foi des anciens jours demeure un modèle de fidélité alors que la science d'autrefois n'a plus guère de validité. La perversion de la *scientologie* consiste précisément à laisser croire que foi et science ne font qu'un.

Les deux se rejoignent pourtant dans leur propension à susciter des dissidences. Les religions connaissent des *schismes* chaque fois qu'un esprit rebelle tranche dans le consensus dogmatique. La communauté scientifique connaît des *scissions* lorsqu'une découverte vient démentir ce qui fut naguère admis. De nouveaux théorèmes invalident les vieux postulats : alors que la religion survit grâce à sa part d'indémontrable, la science risque sa réputation en révisant ce qui fit sa gloire. Mais cette autocritique permanente rend temporaires ses fractures alors que les Églises se *scindent* généralement pour de longs siècles comme le prouvent les difficultés actuelles de l'œcuménisme. La querelle sur la génération spontanée (à laquelle Pasteur mit un terme en montrant que les moisissures provenaient des germes) n'est plus que de l'histoire ancienne alors que le dogme de l'Immaculée Conception (défini, à la même époque, en 1854) divise toujours autant les chrétiens.

Les fractures de la science sont souvent provoquées par des problèmes éthiques. Selon la formule de Rabelais, « science sans conscience n'est que ruine de l'âme ». Cette *conscience* est aujourd'hui du ressort individuel. Mais avant d'appartenir à l'intimité de la personne en accord avec elle-même, elle relevait de la connivence ou de la confidence : en latin *conscientia* désignait une connaissance partagée avec quelqu'un. Avant d'être débat intérieur, la conscience fut dialogue au sein du groupe, et, aujourd'hui encore, c'est ainsi que fonctionnent les comités d'éthique : nul n'a raison seul contre tous et une démarche scientifique nécessite l'examen collectif d'une découverte sans lequel le médecin se transforme en guérisseur et l'inventeur en magicien. Il faut l'accord de ses pairs ou, du moins, de certains d'entre eux, pour que l'homme de science puisse agir à bon *escient*.

Secte

Une secte (anglais *sect*, allemand *Sekte*, espagnol *secta*, italien *setta*, portugais *seita*) est à la fois un lieu où l'on *suit* un chef et où l'on se coupe du monde. Le croisement des racines lui confère un double sens.

Au départ, il y a le verbe *sequi* signifiant *suivre* quelqu'un, aller derrière lui mais aussi *poursuivre* un ennemi ou un objectif et, enfin, suivre dans le temps *(consécutivement)* ou *s'ensuivre* comme *conséquence*. Les dérivés de ce verbe, presque tous passés en français, marquent toujours une idée de *suite* logique ou chronologique et, par extension, d'obéissance aux ordres donnés.

Il y a les *séquelles* (*suivant* un dommage), l'*obséquieux* (qui *suit* les désirs de quelqu'un), les *obsèques* (suivant les dernières volontés), l'*exécution* (suivant un ordre), les *persécutions* (suivant des décisions hostiles), le *séquestre* (ce qui suit un conflit et sert de dépôt de garantie), l'*intrinsèque* (ce qui va vers l'intérieur et finit par être le propre de quelque chose), etc. Dans ces composés, on notera l'importance du vocabulaire juridique :

les procédures sont constituées de suites logiques, parfois d'enchaînements implacables dans l'engrenage sans fin des *poursuites* judiciaires. Les nombreux procès intentés par les sectes illustrent ce besoin radical d'aller jusqu'au bout.

L'adverbe latin *secundum* signifie selon ou suivant et a été utilisé pour désigner les Évangiles (selon saint Jean, notamment) écrits d'après les sources d'un apôtre qui, lui-même, *suivait* le Christ. Quant au mot secte, issu du latin *secta,* il désignait primitivement la ligne de conduite, les principes que suivait un groupe politique ou philosophique.

C'est ici qu'intervient la contamination par le verbe *secare* (couper) et ses dérivés. Des sons proches (sécateur et *sectateur*) ont engendré des sens voisins. Et la secte a fini par désigner un groupe à part, coupé de l'Église dominante, le terme ayant généralement un sens péjoratif. Si l'on veut utiliser un mot neutre, il vaut mieux parler d'école, notamment pour les innombrables branches du bouddhisme qui n'ont pas subi d'exclusion ou d'anathèmes comparables aux mesures ayant frappé les Église dissidentes du christianisme ancien.

La notion de secte est, en effet, inséparable de l'environnement théologique des premiers siècles de l'ère chrétienne. Au temps du Christ, le mot *secta* et son équivalent grec *hairèsis* (« choix doctrinal »), d'où vient le mot français « hérésie », désignent diverses écoles de pensée (sadducéens, pharisiens, etc.) juives. Le Nouveau Testament parle fréquemment de la « secte » de Jésus (Actes des apôtres 24, 5 et 14 ; 28, 22) dans la mesure où celui-ci avait formé une petite école de disciples, très minoritaire dans le judaïsme. En ce sens, on peut dire que toute religion est une secte qui a réussi. Car les grandes confessions sont issues de groupuscules, qu'il s'agisse des amis de Bouddha, de Jésus ou de Mahomet.

Mais quand, au IVe siècle après J.-C., de Nicée à Chalcédoine, vint le temps des grands conciles œcuméniques, on jeta l'anathème sur les chrétiens qui refusaient les définitions dogmatiques approuvées par la majorité des évêques et ratifiées par l'empereur. Les dissidents, monophysites (croyant en la nature divine et non humaine du Christ) et nestoriens (niant le titre de « mère de Dieu » attribué à Marie), furent alors qualifiés de *sectaires*.

Aujourd'hui, aucune définition ne permet de tracer une frontière précise entre secte et religion, et le critère du nombre est inopérant : le zoroastrisme est l'une des plus anciennes et plus importantes religions de l'histoire de l'humanité même si ses adeptes (à peine deux cent mille) sont actuellement cinquante fois moins nombreux que les scientologues. Restent donc nos deux qualificatifs initiaux : une secte conduit à un *suivisme* aveugle qui coupe ses membres de leur milieu familial et professionnel. La secte est une île et la religion un continent.

Sénat

La différence d'âge est à l'origine du bicaméralisme. Le plus vieux parlement connu au monde, celui de la cité-État d'Uruk, comportait, vers 3000 avant J.-C., une Chambre basse composée de tous les citoyens-soldats et une Chambre haute formée d'hommes âgés. Selon un récit semi-légendaire, la première assemblée voulut s'opposer par les armes à la cité voisine de Kish tandis que la seconde préféra temporiser.

Cette sagesse des Anciens est loin d'être une constante de l'Histoire et nombre de guerres furent déclarées ou acceptées par des parlementaires qui n'avaient plus l'âge de combattre et envoyaient à la mort leurs propres enfants. Le meurtre des fils est aux hommes politiques ce qu'est le meurtre du père à la psychanalyse : le moyen de se débarrasser des rivaux encombrants, géniteur autoritaire ou enfant turbulent.

La république romaine donna à cette assemblée des anciens le nom de Sénat (latin *senatus*, anglais *senate*, allemand *Senat*, espagnol et portugais *senado*, italien *senato*). Ce terme est issu de l'indo-européen *sen* qui, avec *wet* (cf. vieux*), est l'une des deux racines exprimant l'idée de grand âge. Le fait d'être plus âgé *(senior)* peut être perçu comme une dignité, celle du *seigneur*, du *sire* ou du *monsieur*. Mais il conduit aussi à la *sénescence* et à la *sénilité*.

L'âge ralentit la démarche et conduit les réformes à un train de *sénateur*. Cette sage lenteur avait poussé Bonaparte à créer, par la Constitution de l'an VIII, un « Sénat conservateur », composé de membres nommés à vie et âgés de quarante ans au moins. Notre Sénat de la Ve République, qui se contente d'un minimum de trente-cinq ans et d'un mandat de neuf ans, semble, en comparaison, une assemblée juvénile.

D'autres institutions, tel le Conseil constitutionnel qui joue parfois le rôle de « troisième chambre », peuvent renforcer le rôle politique des anciens en ayant une moyen d'âge plus élevée que celle du Sénat. Car, en un siècle où l'espérance de vie s'allonge d'un trimestre par année, on trouve toujours plus vieux que soi, comme dans le sport où les *seniors* ne sont pas encore vétérans.

La vieillesse a toujours été relative et son exaltation ambiguë. En même temps qu'il choyait la vieillesse *sénatoriale*, Bonaparte commandait de jeunes généraux comme Ney (vingt-sept ans), Soult et Hoche (vingt-cinq ans). Quant à Davout, promu à vingt-trois ans, il ne serait aujourd'hui même pas sorti de Saint-Cyr. Il est vrai que les soldats américains disent toujours à leur jeune lieutenant « Yes, *Sir* », formule dont le sens premier est « Oui, vieux ».

Sens

Comme des hommes ont une double vie pour surmonter leurs contradictions et masquer leur désarroi, des mots revêtent un double sens qui exprime leur ambiguïté et transcende leur définition.

Le prototype est, précisément, le mot sens (italien *senso,* espagnol et portugais *sentido*) dont on ne sait si l'origine est unique ou double et si les significations nombreuses sont dues à une racine multiforme ou à une étymologie croisée, l'une renvoyant à l'idée de perception et l'autre à celle de direction.

En tant que perception, sens vient du verbe latin *sentire* qui exprime quelque chose d'éprouvé mais aussi de réfléchi : l'intellectuel et le *sensoriel* sont intimement mêlés. Dérivent donc de ce verbe les mots français *sentiment, sentence, assentiment, ressentiment, dissension, sensibilité, consentement, sensualité,* etc.

Donner son sentiment sur une affaire, c'est exprimer une opinion, avoir une sensibilité politique, c'est déjà prendre parti, rendre une sentence, c'est officialiser une préférence : la subjectivité est inévitable, qu'il s'agisse de familles de pensée ou de querelles de personnes. La perception devient vite engagement puis décision, surtout dans un processus négatif quand la réaction épidermique condamne celui qu'on ne peut pas *sentir*. Inversement, la bonne *sensation* engendre un préjugé favorable et l'on considère comme évidence ce qui tombe sous le sens.

En tant que direction, sens vient d'un germanique *sinno* désignant une orientation à suivre, un bon sens, qu'il s'agisse d'une topographie de l'espace ou d'une configuration de l'esprit : la raison, l'intelligence exigent un cheminement intellectuel.

Inversement, le dément est sens dessus, dessous, hors (fors) de sens, *forcené*. Tout ce qui est déviant, extravaguant, à contre-courant représente un danger à circonscrire. Entre ce forcené (issu de *sinno*) et l'*insensé* (issu de *sensus*), la différence n'est pas grande et il est assez probable que les deux groupes de mots renvoient à une même racine indo-européenne exprimant un trajet *sensoriel* et ses conséquences intellectuelles.

Tout processus cognitif sollicite l'un des cinq sens . le toucher pour appréhender un mécanisme, l'odorat pour subodorer un piège, l'ouïe pour garder l'entendement, cette *sentinelle* de l'esprit. De même, on évoque la saveur du mot d'esprit (voir sagesse*) ou le reflet de l'image mentale. Même la pensée désincarnée est une « vue de l'esprit » et il n'y a pas de révolution théorique sans une excitation des sens. On n'imagine pas Einstein sans son violon ni Freud sans son cigare.

Ce dernier nous a appris que le désir de vivre

a besoin d'un plaisir minimum. Inversement, la recherche compulsive de voluptés archaïques bloque le développement psychique et interdit l'accès au refoulement civilisateur comme à la sublimation artistique. L'alcoolique qui « biberonne » symbolise cet excès régressif, ce trop-plein vide de sens.

Toute avancée dans la vie est abandon de jouissances et découverte de plaisirs par irruption d'humeurs et tarissement de sécrétions. L'adolescent découvre son sperme quand il renonce aux larmes que le vieillard retrouve quand sa semence se raréfie. Les femmes connaissent une substitution semblable des sécrétions vaginales aux glandes lacrymales. Hippocrate nomma « orgasme » un plein de suc ou de sève qui ouvre sur la vie et permet de la transmettre. La question du sens est d'abord organique en ce qu'aucun avenir n'est concevable sans désir corporel.

Notre époque est souvent dite en quête de sens et en perte de repères. Cette recherche, parfois cette errance, traduit un changement de *sensations*. Les saveurs des cuisines exotiques, les rythmes des musiques nouvelles, les visions de l'art moderne ont bouleversé notre univers *sensoriel* et rendu caduc celui de nos parents. Mais on peut bien sourire au futur sans tango ni guinguettes et depuis qu'ils n'ont plus de langes, les bébés n'ont pas cessé de vivre.

Spectacle

Quoi de commun entre le *répit*, le *dépit*, un *espion*, des *épices* et un *évêque* ? Tous ces mots dérivent d'une même racine indo-européenne *spek* (sanscrit *pásyati*, latin *specio*, grec *sképtomaï*, allemand *spähen*, etc.) qui exprime le regard et d'où vient le mot français spectacle (espagnol et portugais *espectáculo*, italien *spettacolo*).

L'évêque *(épiskopos)* était, dans l'Église primitive, celui qui avait l'œil à tout, le surveillant du peuple. L'espion (vieux haut allemand *spehôn*) est celui qui guette ou *épie*. Les épices comme les *espèces* (latin *species*) se différencient par leur apparence. Le dépit était, en ancien français, le dédain ou le mépris à l'égard de ce qu'on regardait de haut *(despicere)*. Le répit, comme le *respect* (dont il est le doublet populaire), est le fait de regarder en arrière *(respicere)*. Ce temps pour se retourner est bien la preuve d'un délai comme le fait de s'attarder sur quelqu'un est la marque d'une considération.

Le regard est donc multiple car il dévisage ou envisage sous tous les angles. Il peut se porter en avant *(ad specere)* pour voir l'*aspect*, cette surface des êtres et des choses qui s'offre aux yeux. En allant au-delà, il cherche à voir au travers *(per spicere)* et se montre *perspicace*. Avec un peu de méfiance il regarde à l'entour (*circum spicere*) et devient *circonspect*. Les visionnaires ont leur *prospective* et les nostalgiques leurs *rétrospectives*. Les dubitatifs gardent ce regard en dessous *(sursum specere)* qui nourrit les *soupçons* et désigne les *suspects*. Les privilégiés bénéficient d'un droit de regard et reçoivent des *spécimens* tandis que les angoissés voient surgir des *spectres* ou images d'un mort, variantes latines des fantômes écossais.

Les médecins explorent les organes avec un miroir ou *speculum* et les architectes soignent leur image avec de belles façades ou *frontispices*. Les prêtres romains voyaient l'avenir en examinant le vol des oiseaux *(auspices)* ou les entrailles des victimes *(haruspices)*. Quant aux prêtres de la Rome chrétienne, ils ont appelé leur contemplation intellectuelle une *spéculation*, mot, qui, à l'ère « païenne », désignait une forme d'*espionnage*. Sans doute cette recherche des idées suppose quelque délit d'initié comme toute spéculation à la Bourse des valeurs.

Le regard intérieur peut aussi s'appliquer à soi-même par l'*introspection* (*intro spicere*) ou aux autres par *inspection* (*in spectare*, fréquentatif de *spicere*). Si l'on préfère demeurer en dehors de l'action, mieux vaut rester dans l'*expectative (ex spectare)*. Mais les dehors peuvent aussi être *spécieux (speciosus)*, c'est-à-dire trompeurs. Il est donc bien difficile d'élaborer une théorie générale du regard tant la vue est d'abord arrêtée par la *spécificité* de son objet qui est aussi l'identité du sujet : rien n'est d'ailleurs aussi banal dans son principe et aussi *spécial* dans son *aspect* que la photo d'identité.

La branche grecque de la racine *spek* est tout aussi protéiforme que son homologue latine et non moins ambiguë. En témoigne le mot *écueil (skopelos)* qui désignait un rocher émergé, promontoire idéal pour établir un phare ou une vigie mais aussi lieu de tous les dangers guettant les navigateurs.

L'ambiguïté redouble avec les verbes dont la forme première est probablement un moyen *(sképtomaï)*, cette voix intermédiaire entre l'actif et le passif indiquant que le sujet agit pour lui-même. Le regard est d'abord réfléchi, tourné vers un autre en fonction de soi-même. Cette réflexion du regard a une portée philosophique si l'on songe à l'école des *sceptiques (sképtikoï)* qui passaient leur temps à observer et non à affirmer : ils professaient le doute parce que si l'on prend soin de tout examiner, rien ne se révèle absolument certain ni entièrement faux. La vision prolongée exclut le regard tranchant, démonte les évidences et démasque les apparences. Elle justifie la vieille parenté linguistique du sceptique et du *soupçon*.

Pour les Pères grecs, regarder *(skopein)* c'est contempler le Christ en soi, pratiquer une exploration intérieure qui relève à la fois des *Contemplations* et des *Illuminations* pour reprendre le vocabulaire d'Hugo et de Rimbaud. Le prototype de cette lampe frontale se trouve dans l'évangile de Luc (11, 35) : « Regarde donc si la lumière qui est en toi n'est pas ténèbres. »

Aux XIVe et XIXe siècles, deux grandes vagues d'hellénisation et d'innovation (les deux notions sont alors à peu près synonymes) touchent l'Europe et apportent une foule de mots grecs à connotations scientifiques. La *scopie* va faire une entrée en force avec l'astrologie et l'astronomie, l'*horoscope* (l'observation de l'heure de la naissance) et le *télescope* (l'observation au loin) dont la racine commune rappelle l'antique proximité entre science et voyance dès lors que l'on demande au ciel de lire l'avenir.

Le regard scientifique va s'imposer à travers une foule d'instruments (*hélioscope, hydroscope, microscope, périscope, kaléidoscope,* etc.) à la fortune très diverse. La médecine va multiplier les moyens d'observation quitte à mélanger un peu l'image et le son : le *stéthoscope* (du grec *stêthos* = poitrine) permet d'écouter plutôt que de regarder, mais, au temps de Laënnec, cette découverte inouïe semblait apporter une véritable vision de l'homme et de son souffle de vie.

Notre siècle connaît une révolution de l'imagerie médicale. La *radioscopie* donne à voir des squelettes vivants, la *coloscopie* fouille les intestins et la *colposcopie* le col de l'utérus. Rien n'est plus caché de notre intimité et l'*endoscopie* examine nos moindres entrailles. Le chirurgien promène une caméra avec son bistouri et le *fibroscope* explore les méandres de notre tube digestif avec la souple vigilance de l'œil du serpent. Il y a quelque chose d'un peu étrange, voire d'inquiétant pour certains, dans cette vue perçante de la science, ce regard inquisiteur qui, en grec *(skôps)*, désignait la chouette ou le hibou.

L'indiscrétion règne aussi à domicile où, grâce au *magnétoscope*, les enfants regardent les cassettes porno de leurs parents. Peut-on donc tout voir dans notre société d'exhibition et le regard permet-il à l'homme de connaître l'essentiel comme s'il voyait l'invisible ? Libre à chacun de répondre en fonction de ses opinions. Certains disent qu'il faut baisser les yeux devant l'obscénité de l'image nue : elle ne crée rien car tout fantasme est un cliché. D'autres dénoncent ce voile de vertu qui est un nuage sur nos vies et le latin semble leur donner raison, lui pour qui la femme prend le voile (*nubet*) du mariage comme le ciel se charge des nuages (*nubes*) du temps couvert.

Tout le problème est de savoir s'il y a des choses qu'il faut ou non laisser dans l'ombre ; et l'on conclura cette brève analyse *spectrale* en remarquant que le regard n'est jamais neutre, qu'il est toujours déformé par l'amour, la haine ou, plus simplement, l'âge et l'usure. Nous dévisageons le monde avec nos verres correcteurs et chaussons de bonnes vieilles lunettes que l'anglais appelle *spectacles*.

Sport

Pourquoi le sport (anglais et italien *sport*, allemand *Sport*, espagnol *deporte*, portugais *desporto*) tient-il une si grande place dans notre société moderne ? L'histoire du mot apporte un éclairage sur cette inflation *sportive*.

Il semble étrange que *sportif* et *déporté* soient des doublets. Mais ils comportent tous les deux une idée de déplacement, volontaire ou forcé, qu'il s'agisse de se divertir ou d'être exilé.

Sport est un mot anglais issu de l'ancien français *desporter*, signifiant « s'amuser », qui a fourni le verbe *déporter* dans la mesure où la *déportation* implique un *transport* du condamné hors du territoire.

Desporter signifiait littéralement « *porter* hors de », loin des occupations habituelles et des soucis quotidiens. *Sport* désignait, pour un Anglais de la Renaissance, toute forme d'amusement et, notamment, ce que nous appelons aujourd'hui le « sport en chambre ». « Marie-toi et amuse-toi » *(make sport),* dit Célia à Rosalind dans *Comme il vous plaira* (I, 2). Shakespeare évoque ailleurs les fatigues de ces joutes amoureuses « quand le sang devient lourd avec la bagatelle » (« *the act of sport* », *Othello* II, 1).

Desporter vient, via le latin *portus,* d'une racine

indo-européenne *per* exprimant l'idée de traverser quelque chose. En sont issus des mots comme *péroné* (os qui traverse la jambe comme une broche), *port, portail, portique, porche, opportun* (qui pousse vers le port ou le but), *porter* (amener au *port*), etc.

L'idée de déplacement est essentielle au sport : un club joue en déplacement ou à domicile. L'activité physique exige une grande mobilité pour gagner les lieux de pratique. La notion de sport en salle serait-elle donc contre nature ?

Pas forcément. Car le sport est d'abord un décentrage de soi-même, une échappée dans l'exploit. Dans les milieux populaires, le sport permet au champion de sortir de sa condition et au *supporter* de s'évader du quotidien. Plus grande est la distance sociale entre les hommes, plus fort est le besoin de sport de haut niveau. Tant qu'il y aura un tel fossé entre hommes ou pays riches et pauvres, il y aura des records du monde.

Symbole

Un mot usé a-t-il un sens ? Les sciences humaines sont remplies de termes (système, structure, fonction, symbole) aussi illisibles qu'une épitaphe en argile sur une tombe sumérienne. Non seulement ils sont datés, inséparables de tel ou tel mouvement intellectuel aujourd'hui défunt mais, à force d'être utilisés à tort et à travers, ils veulent dire tout et son contraire.

Symbole (espagnol et portugais *símbolo,* italien *simbolo,* anglais *symbol,* allemand *Symbol*) en est un bon exemple tant son sens premier est susceptible d'extensions. Le verbe grec *sumballien* (« jeter ensemble ») est issu de *ballein* (« jeter ») qui a fourni des mots français aussi différents que *diable** et *parole, problème* et *ballet, arbalète* et *parlement* * : on peut jeter n'importe quoi, des arguments ou des projectiles, des idées sur le papier ou des mots à la tribune.

Jeter ensemble, c'est rapprocher. En grec, la *sumbolè* était donc un rapprochement des lèvres ou de paupières, une jointure des os ou des articulations, une jonction de routes ou de fleuves, une mise en commun de pièces de monnaie, un écot payé pour participer à un pique-nique : grands démocrates, les Grecs voulaient que chacun paie sa part.

Avec le genre neutre, le *sumbolon* était la preuve d'un contrat, un objet coupé en deux (par exemple une poterie) dont les cocontractants conservaient les parties comme signe de leur engagement. Comme dans nos jeux modernes où il faut retrouver la moitié manquante d'un billet déchiré, les citoyens grecs pouvaient ainsi reconstituer l'objet primitif et même transmettre à leurs enfants ce signe de reconnaissance. En ce sens, le symbole était déjà un bien transmissible.

Par extension, le *sumbolon* devint un moyen d'identification : jeton de présence pour indemniser un élu, carte de séjour pour un étranger, bon d'alimentation pour la plèbe, arrhes versées sur une commande, cachet sur un contrat, cicatrice sur la peau, insigne d'une légion, effigie sur une monnaie, etc. Déjà, dans l'Antiquité, grecque ou romaine, le symbole était un mot passe-partout.

L'ère chrétienne ajouta à la confusion. Le *sumbolon* (*symbolum* ou *symbolus* en latin, cette hésitation entre le neutre et le masculin renfonçant l'équivoque) devint une liste des principaux articles de la foi « jetés ensemble », c'est-à-dire réunis dans un même document. Le *Symbole* des apôtres fut ainsi l'une des premières formes du *Credo*, discutée et approuvée par les évêques. Le symbole est ici à la jonction du catalogue de vérités et de la motion de synthèse.

Au XVIe siècle, le symbole se dématérialisa encore davantage et devint une association d'idées évoquant quelque chose ou quelqu'un d'absent, une personne incarnant un idéal, un objet ou un animal figurant une divinité. Puis, le symbole fut une lettre représentant un corps simple (O pour oxygène) ou un emblème attaché à une marque (le lion de Peugeot, le Bibendum de Michelin). Il est alors très difficile, notamment en sciences humaines, de distinguer le symbole du signe, les définitions variant selon les auteurs.

Le romantisme inventa le *symbolisme* dans l'art (opposé au réalisme ou au naturalisme), l'ethnologie la pensée *symbolique* des primitifs (associée à la mythologie). Saussure ayant distingué, en linguistique, le symbole conventionnel du signe arbitraire, Lacan chercha à transposer sa pensée en psychanalyse : le *symbolique* est le trait d'union entre le réel et l'imaginaire. Il relève d'un langage convenu et d'une émotion partagée, rattachant l'enfant à la Loi commune aux humains tout en faisant place aux situations individuelles : le Père symbolique représente autorité et protection même si le père réel est défaillant et le père fantasmé terrorisant.

Ici commence l'abus du symbolique conjugué à celui des majuscules : la Loi, le Père, le Phallus sont les dépositaires d'un ordre symbolique, subtilement misogyne et hypocritement réactionnaire. Le symbole s'oppose à la déviance et combat l'anarchie du fantasme par la dictature de l'inconscient. Le psychanalyste Michel Tort voit dans cet abus de pouvoir le grand retour d'une médecine répressive défendant le normal contre le pathologique. Et quand Lacan glorifiait le Père, il pensait au Saint-Père le pape comme il l'écrivit à son frère bénédictin.

Qu'il s'agisse de procréation médicalement assistée, d'euthanasie ou de mariage homosexuel, il est vrai que la modernité met à rude épreuve nos repères traditionnels. Faut-il pour autant craindre un effacement des symboles ruinant la société ? La pilule, disait-on, allait tuer la mère symbolique alors que les femmes demandent à la médecine un enfant à tout prix. Le divorce devait miner le couple symbolique alors que jamais les couples, mariés ou pacsés, n'ont réclamé autant de reconnaissance légale. Et les vedettes aux multiples liaisons se marient en blanc dans *Paris-Match*.

Chaque époque a ses symboles qui succèdent aux précédents sans les annuler. On remplaça la tête de Jupiter par la Croix du Christ sur les monnaies romaines dont le cours ne s'effondra pas. Et si l'on substitue David Douillet à Victor Hugo sur les billets de cinquante francs, ils garderont la même valeur.

Temps

Dans les langues germaniques, deux mots différents expriment le temps qui passe et le temps qu'il fait : *time* et *weather* en anglais, *Zeit* et *Wetter* en allemand. Il est à noter qu'en anglais, le temps qui passe est relié au mouvement de la mer : *time* est apparenté à *tide* (marée). Les fortes marées de la Manche et de la mer du Nord rythment le temps, ce qui serait impossible en milieu méditerranéen, espace des langues latines.

Celles-ci n'utilisent qu'un seul terme pour le temps chronométré et le temps météorologique : italien et portugais *tempo*, espagnol *tiempo*. Ces mots sont issus du latin *tempus* qui, à l'origine, désignait l'état de l'atmosphère et, notamment, le mauvais temps, la *tempête*.

Tempus est probablement connecté à *temperare* (« mélanger ») : le moment est une coupure du temps comme le mélange est fait de substances coupées (le vin coupé d'eau, etc.). On entre ici dans le domaine des éléments proportionnés, du *tempérament* d'un homme, de la *température* du jour, de la *tempérance* à table.

Le temps partage la durée en moments favorables ou inopportuns, *intempestifs*. Il n'est donc pas continu et il serait excessif d'opposer un temps linéaire, celui de l'histoire occidentale à un temps cyclique, celui des spiritualités indiennes. L'histoire, y compris l'« histoire sainte », est faite de bouleversements, de retours en arrière (les périodes « réactionnaires ») et de brusques avancées.

Quant au temps dit cyclique, il n'est pas fait d'éternels recommencements mais comporte une lente dégradation suivie d'une brusque régénération : le temps védique comporte quatre ères *(yuga)* de durée déclinante au cours desquelles l'homme perd, chaque fois, un quart de sa vertu et de son bonheur avant qu'une intervention divine ne vienne restaurer l'âge d'or initial. De plus, le retour de la mousson, l'un des fondements supposés du temps cyclique indien, est une inconnue permanente, tant les pluies varient d'une année à l'autre.

Dans le langage de l'Église catholique, le *temporel* s'oppose au spirituel en tant que domaine du périssable face aux bien éternels. Cette opposition du *temporaire* et du définitif est à la base de la croyance en l'immortalité. Si la stratégie humaine exige de *temporiser*, de donner du temps au temps selon l'expression de François Mitterrand, l'implacable ronde des heures qu'égrène la « pendule d'argent » (Jacques Brel) conduit la personne âgée du lit au lit dans le temps immobile qui confond le vieillard et le bébé. Telle est, selon Shakespeare (*Comme il vous plaira,* II, 7), « cette seconde enfance, état de pur oubli ; sans dents, sans yeux, sans goût, sans rien ! ».

Plutôt qu'un cycle (la mort n'est une seconde naissance dans aucune religion ni civilisation), l'existence humaine évoque, surtout en climat tempéré, la suite des saisons. Du *printemps* (primus *tempus*) de la jeunesse à l'hiver de la vie, les images poétiques abondent, comparant la sève à la vigueur du premier âge et la neige aux cheveux blancs du quatrième. Mais les poètes n'osent pas dire que le début de la troisième saison marque la mi-vie et, donc, que l'automne de la vie commence à quarante ans.

Testament

Quoi de commun entre un testament (anglais *testament*, allemand *Testament*, espagnol, italien et portugais *testamento*), un *treillis*, un *trèfle*, un *témoin*, un *trident*, le *travail*, la *Trinité* et des *testicules* ?

Le chiffre *trois*, venu du latin *tres* (issu de la racine indo-européenne *tre*) qui est présent dans tous ces noms composés. Le treillis est un entrecroisement de tro*is* lattes, un trè*fle* une plante à trois feuilles, un témoin le *tiers* dans un face-à-face, un trident une arme à trois dents, le travail un ancien supplice sur une machine à trois pieux *(trepalium)* et la Trinité un dieu en trois personnes.

On peut trouver *triviale* (du latin *trivalium* « carrefour à trois voies », d'où le sens de « vulgaire », « qui traîne dans les rues ») la mention des testicules, mais ce sont littéralement, des « petits *témoins* » (du latin *testes*, « témoin ») et le poète latin Plaute utilisait déjà cette métaphore. Peut-être s'agit-il d'une allusion à un mode de témoignage très répandu dans l'Antiquité, à Rome comme chez les Hébreux, où l'homme jurait sur ses parties intimes, prenant ainsi à témoin sa descendance.

Il peut sembler curieux de trouver le chiffre

trois dans cet organe en double tout comme dans les Testaments de la Bible qui sont deux. Mais entre l'Ancien et le Nouveau, on a récemment intercalé l'« Intertestament », ensemble d'écrits religieux juifs (notamment des manuscrits de la mer Morte) rédigés juste avant l'ère chrétienne ou au tout début de celle-ci. Désormais, la Bible offre donc un *triple témoignage* scripturaire, le testament étant une prise à témoin d'un tiers pour la rédaction d'un acte : c'est pourquoi un testament est souvent déposé chez ce tiers qu'est le notaire et ouvert par lui.

Mais le testament reflète une volonté unique alors que son équivalent hébreu, *berit*, exprime une Alliance à deux, entre Dieu et son peuple. Et les juifs symbolisaient cette Alliance en coupant une bête immolée (les convives passaient entre les moitiés d'un veau) ou en coupant le prépuce « sacrifié ». Et cette Alliance de la circoncision n'est physiquement guère éloignée du témoignage des testicules qu'exigeaient Abraham ou Israël en demandant à un serviteur ou à Joseph de jurer « la main sous la cuisse » (Genèse 24, 2 et 47, 29).

Tumeur

C'est le mot le plus terrible de la langue française. On entend : « Tu meurs. » C'est une pure homonymie mais l'étymologie n'est pas plus rassurante puisque la tumeur renvoie à la tombe.

Tumeur (anglais *tumour,* allemand *Tumor,* espagnol et portugais *tumor,* italien *tumore*) vient du latin *tumor* qui indique une enflure physique ou psychique. La notion de gonflement (voir folie*) est multiforme : *tumor* est issu d'une racine indo-européenne *teu* exprimant l'idée de gonfler et, donc, de former une proéminence ou une excroissance sur une surface plane. La *tuméfaction,* le *tumulus* et la *tombe* ont en commun cette apparence de monticule.

Il est possible mais non prouvé que le *tumulte,* en tant que soulèvement, ait la même origine. Celle-ci est certaine pour le *tubercule,* excroissance d'une racine, et pour la *tuberculose,* maladie qui provoque des nodules *tuberculeux.* La *truffe* est aussi une grosseur (sortie de terre) et *Tartuffe* est un personnage de la comédie italienne dont le nom *(Tartufo)* signifie « truffe ».

En allemand *(Daumen)* comme en anglais *(thumb),* le pouce est ainsi nommé parce qu'il est *protubérant.* Quant à la *détumescence,* elle est la disparition graduelle d'une tuméfaction ou la diminution de volume d'un organe érectile, notamment de la verge dont le gonflement est une *protubérance* très bénigne.

Valeur

Une valeur (anglais *value*, espagnol et portugais *valor*, italien *valore*) est une force morale et une source de santé. Qu'elles soient éthiques ou boursières, qu'elles reflètent la vaillance des vieux principes ou le dynamisme d'une économie, les valeurs se situent à la jonction de la puissance et du bien-être.

À l'origine du mot, se trouve une racine indo-européenne *wal* exprimant la souveraineté d'un homme ou d'un lieu. On la retrouve dans la ville et le prénom de *Vladimir* (« puissance du monde » ou « puissance de paix »), la ville de *Vladivostok* (« puissance de l'Orient »), le prénom de *Ladislas* ou *Vladislav* (« puissance de gloire ») et le verbe allemand *walten* (« gouverner »).

Dans sa forme latine, cette racine a fourni le verbe *valere* (« être bien-portant ») d'où sont issus de nombreux dérivés en français. Beaucoup concernent la santé : *valide, invalide, valétudinaire, convalescent*. D'autres ont un sens plus moral : *valoir, prévaloir, validité, vaurien*, etc.

L'idée première est celle de force, de maîtrise de soi-même et d'empire sur les autres. Physique ou mentale, la santé, comme la maladie, est contagieuse. Elle déjoue les résistances et emporte l'adhésion : n'ayant pas à combattre ses faiblesses, le bien-portant est disponible pour d'autres batailles. L'homme *valeureux* se révèle dans le courage de l'affrontement là où l'homme vulnérable est pris dans le piège de la défaite. Comme les requins ne s'attaquent qu'aux blessés, les humains évitent soigneusement de s'en prendre aux plus forts et de défier les valeurs sûres.

Toute volonté de puissance requiert un minimum d'immunité ou d'impunité, de faible exposition aux risques, de grande aptitude à l'esquive et de forte propension à la fuite. Il faut avoir des malices de singe et des ruses de serpent, une aptitude de fauve et un cuir de pachyderme. Dans cette leçon de choses issue du *Livre de la jungle,* le modèle indépassable demeure le caméléon, littéralement « le lion à ras de terre ».

Pour faire semblant d'incarner les valeurs de la gauche, François Mitterrand fut un loup déguisé en caniche et, pour être élu président, il se fit limer les canines. Ayant tenu tête quinze ans à son cancer, il tira de ce courage animal un surcroît de temps humain et fut le plus valide des grands malades pour enterrer ses idéaux.

Il y a des valeurs conjoncturelles comme des morales de circonstance. L'échelle des valeurs est une courbe fébrile qui, au gré des changements de régime ou de modes intellectuelles, peut transformer les courageux soldats en criminels de guerre et les gloires de moment en célèbres inconnus. Mieux vaut faire confiance à ce que les boursiers nomment les valeurs de pères de famille. Elles se transmettent de père en fils, que l'on soit héros de légende ou comptable dans l'âme.

Vénérable

Tout semble opposer le vénérable et le *vénérien*, le *venin* et le *véniel*, la *venaison* et le *vénéneux*. Tous ces mots viennent pourtant d'une même racine indo-européenne *wen* exprimant le désir. Elle a, notamment, fourni l'anglais *to wish* (« souhaiter », « désirer ») et *to win* (« gagner à la lutte » parce qu'on désire l'obtenir). Les sportifs disent d'ailleurs souvent que le gagnant est celui qui désire le plus la victoire.

Le désir est ambigu et polymorphe. En latin, *venus* désigne l'amour physique et l'appétit sexuel tout comme les charmes qui le suscitent. *Vénus* est donc la déesse de l'amour, l'équivalent approximatif de l'Aphrodite grecque, et la Vénus de Milo est une image de sa beauté. Mais les préhistoriens ont aussi appelé Vénus callipyges (« aux belles fesses ») des statuettes de femmes aux formes proéminentes supposées *vénérées* par les hommes des cavernes. Les objets de leur *vénération* auraient été bien différents de nos mannequins anorexiques, qui plaisent aux publicitaires même si l'anorexie est, en grec (*anorexia*), l'absence de désir ou d'appétit.

Vénus a légué son nom au mont de Vénus (éminence pubienne de la femme), à la planète Vénus, au *vendredi* (*Veneris* dies ou jour de Vénus) et à *Port-Vendres* (*Portus Veneris*). Et les maladies de l'amour sont dites *vénériennes*. Quant au vénéneux et au *venimeux*, ils se rattachent à *venus* via le latin *venenum* (« philtre d'amour ») qui correspond bien à l'image des flèches empoisonnées de l'amour. Baudelaire fut d'ailleurs condamné pour avoir osé écrire, dans les *Fleurs du Mal*, qu'il voulait « t'infuser mon venin, ma sœur ».

La *vénerie* et la *venaison* (du verbe latin *venari*, « poursuivre le gibier ») nous rappellent que chasser a d'abord été un désir ardent de conquêtes : on dit d'ailleurs d'un play-boy qu'il se met en chasse.

Le péché *véniel* (du latin *venia*, « indulgence ») est une faveur, une grâce accordée par les dieux et, notamment, par Vénus. *Vénérer* (du verbe latin *venerari*, « adresser une demande », « demander une faveur ou une grâce pour soi ») renvoie aussi à Vénus, protectrice de la ville de Rome et, donc, destinataire des appels au secours car cette déesse de la végétation et des jardins dispensait la vie et guérissait la stérilité.

Vénérer Vénus (*venerem venerari*) était, pour les Romains, le comble de la piété, un peu comme vénérer la Vierge Marie pour un catholique. Aujourd'hui, la vénération s'adresse plutôt à une génération ancienne : on parle de vénérable vieillard ou d'âge vénérable. Le vénérable est un haut responsable (dans une loge maçonnique) ou un digne défunt (ayant atteint le premier stade de la canonisation, précédant la béatification).

Faut-il parler de gérontophilie pour qualifier l'énorme popularité d'octogénaires illustres ? Quoi de commun entre Vénus et l'abbé Pierre ou Jean-Paul II ? Les vieux peuvent-ils séduire autant que les jeunes ? Oui, nous dit Victor Hugo, mais pour des motifs différents :

Les femmes regardaient Booz plus qu'un jeune homme
Car le jeune homme est beau, mais le vieillard est grand...
Et l'on voit de la flamme aux yeux des jeunes gens,
Mais dans l'œil du vieillard on voit de la lumière.

Le poète fait ici allusion à l'épisode biblique de la jeune veuve Ruth couchée aux pieds du vieux Booz endormi. La vérité oblige à dire qu'elle s'intéressait surtout à son argent pour qu'il l'épouse et la « rachète ». Ce qu'il fit, montrant que la bourse d'un vieillard vaut bien les bourses d'un jeune homme.

Vertu

Les femmes ont-elles de la vertu ? L'histoire des mots semble répondre non : seuls les hommes peuvent être *vertueux* et s'il existe des femmes de « petite vertu », elles n'ont pas de correspondants masculins.

Vertu (anglais *virtue,* espagnol *virtud,* italien *virtu,* portugais *virtude*) vient du latin *virtus* désignant ce qui fait la valeur d'un être humain de sexe masculin, mais aussi d'un animal voire d'un arbre. Cette vertu peut être physique ou morale, exige de l'énergie consommée ou seulement potentielle lorsqu'elle n'est que *virtuelle,* la *virtualité* représentant une vertu en puissance. Cette économie de dépense justifie l'engouement actuel pour le monde virtuel qui permet de vivre un état sans poser un acte.

La première des vertus est, pour les Romains, le courage : selon César, le peuple le plus vertueux d'Europe est celui des Helvètes car ils sont, n'en déplaise aux Bretons d'Astérix, les plus vaillants à la guerre. *Virtus* est, en effet, un composé de *vir* (« homme ») : le plus vertueux est le plus *viril.* Et le saint chrétien étant le successeur du héros antique dans l'ordre d'excellence, l'Église catholique exige des « vertus héroïques » pour le canoniser.

Vir désigne le mâle, le garçon pubère ayant atteint l'âge viril, et revêtu la toge virile (cf. république*). Pour les Romains, l'enfant n'est donc pas viril et n'a pas, à proprement parler, de vertu, pas plus que les femmes. La *virilité* s'oppose souvent à la puérilité car elle exige une emprise sur soi-même et un contrôle des émotions pour vivre dans un monde conflictuel, inconnu des enfants.

Il n'y a pas de conquête des autres sans maîtrise de soi.

Comme l'âge viril permet à la fois de porter des armes et de voter les lois, *vir* peut aussi désigner un homme public, un magistrat dont la puissance est juridique plus que militaire. La vertu qu'il incarne donne force de loi aux décisions prises et l'on en trouve un reliquat dans l'expression « en vertu des pouvoirs » (qui me sont conférés) ou « en vertu de telle loi » (dont le pouvoir s'exerce).

Vir dérive probablement de *vis* (« force ») d'où est issu *violentia*. La vertu du soldat est le courage de tuer et de s'exposer à la mort tandis que le *viol* égaya longtemps (et égaye encore parfois) le repos du guerrier. « Que leurs femmes soient *violées* et leurs enfants égorgés », osait dire, en 1914, Sarah Bernhardt à propos des Allemands. Mais la vertu du soldat consiste aussi à maîtriser sa peur et celle du civil à contrôler ses envies, à se faire *violence* à soi-même en réprimant ses pulsions.

Paradoxalement, *virtus* est, en latin, un mot féminin et Vertu est la déesse de la Valeur portant dans une main la lance et dans l'autre l'épée. Le féminin apparaît ici comme un retour du refoulé, une revanche du sexe exclu et désiré. On sait que les mots vulgaires pour les parties viriles sont souvent du genre féminin, preuve qu'il y a bien une composante femelle dans les plus mâles vertus.

Vie

Quoi de commun entre la vie (espagnol et portugais *vida*, italien *vita*), l'*hygiène*, la *biologie*, des *victuailles*, un *zoo* et de la *viande* ? Tous ces mots sont issus d'une racine indo-européenne *gweye* ou *gweyo* exprimant le fait de *vivre*.

En sanskrit, *jîva* désigne l'être vivant incarné et, en conséquence, mortel. À l'époque du Bouddha, la secte ascétique des *âjîvika* ou *âjîvaka* niait la liberté de cet être de chair et le libre arbitre de l'homme : ils pensaient que, pour s'assurer une meilleure renaissance, il était judicieux de se laisser mourir d'inanition. Ce lent suicide fut accepté par certains jaïns et influença Gandhi dans ses grèves de la faim.

En grec, *bios* (d'où dérivent d'innombrables temes scientifiques) exprime la manière de *vivre*, le mode de vie, les moyens de vivre et, donc, les ressources. *Zoé* désigne plutôt le fait de vivre, qu'il s'agisse d'humains, d'animaux (cf. un zoo) voire de divinités. Dans l'Apocalypse de saint Jean, Jésus est le *Vivant* (*Zoôn*, mot qui est curieusement du genre neutre, « inanimé ») éternel qui triomphe des bêtes mortelles. Enfin, *hugieia* (cf. hygiène) est la santé, le fait de bien vivre. *Hygiè* est donc la déesse de la santé, fille d'Asclépios, dieu de la médecine, et petite-fille d'Apollon. Elle est représentée tenant à la main un serpent, symbole de vie et de mort, de potion et de poison. Il est à l'origine des deux reptiles figurés sur le caducée des médecins.

Le verbe latin *vivere* (« être en vie ») a, dans les langues latines, engendré de nombreux mots : *viable, viager, vif, vivace, vital, aviver,* etc. De nombreux termes appartiennent au vocabulaire de l'alimentation : *victuailles, ravitailler, viande* (mot qui, en vieux français, désignait tous les aliments). La vie semble tellement liée à la nourriture que, des tombeaux égyptiens aux cimetières mexicains, les vivants ont apporté des *vivres* à leurs morts et organisé des repas funéraires pour maintenir avec leurs défunts une *convivialité.*

Si les morts sont immobiles, les vivants bougent et les langues germaniques ont tiré de la racine *gweye* des mots indiquant la rapidité : vite et vif (anglais *quick*) sont deux notions proches, exprimant la *vitalité.*

Vieux

Qu'est-ce qu'un vieux (espagnol *viejo,* italien *vecchio,* portugais *velho*) ? C'est un homme pourvu de nombreuses années comme un *veau* est une bête de l'année.

Vieux

Vieux et veau viennent du latin *vetus* (« ancien », « détérioré »), lui-même issu de la racine indo-européenne *wet* (« année ») qui a fourni le sanskrit *vatsh* (« veau ») et le latin *vitulus* (« veau »). La *vieillesse* est donc une suite d'années qui entraîne la *vétusté* du corps et de l'esprit et fait du *vieillard* un être *invétéré*, enraciné dans ses habitudes et figé dans le temps.

Cette vision pessimiste du grand âge nous semble elle-même bien *vieillie*, depuis que la médecine prolonge la jeunesse : des sportifs *vétérans* réalisent aujourd'hui des performances supérieures à celles de leurs cadets d'autrefois et des marathoniens quinquagénaires courent plus vite que le champion olympique des Jeux de Londres, en 1948.

Les langues germaniques considèrent plutôt le vieux comme un homme « élevé ». L'anglais *old* et l'allemand *alt* sont issus d'une racine indo-européenne *al* signifiant « nourrir » et donc élever un animal ou un humain. En dérivent des mots comme altitude, adolescent* et adulte (celui qui est déjà élevé). Le vieux est donc assimilé à l'adulte et ce rapprochement fait de lui un être achevé, du moins tant qu'il ne régresse pas en ce septième et dernier âge de la vie qui, pour Shakespeare, est une « seconde enfance, état du pur oubli, sans dents, sans yeux, sans goût, sans rien » (*Comme il vous plaira*, II, 7).

Vote

Du vœu au vote (espagnol, italien et portugais *voto*), il y a une longue histoire de souhaits et de mots. Ces deux termes sont des doublets : le français vote a été emprunté, au début du XVIIIe siècle, à l'anglais *vote*, issu du latin classique *votum* qui a aussi fourni le français *vœu*. Les Suisses préfèrent parler de *votations* populaires pour les référendums, la votation étant initialement l'élection du supérieur d'une communauté religieuse.

Le *votum* latin était une promesse faite aux dieux en échange d'une faveur ou d'un bienfait : une prière ou une bonne action, une *dévotion* ou un *dévouement* étaient la contrepartie de cette bienveillance divine. Le fidèle s'engageait à accomplir un vœu dont il souhaitait obtenir une récompense. Il n'était donc pas désintéressé et, à l'époque impériale, le *votum* finit par désigner les vœux prononcés par les époux, c'est-à-dire les engagements mutuels du mariage. Quand une religieuse catholique porte une alliance pour symboliser son union mystique au Christ, elle actualise dans ses vœux religieux cette dimension réciproque du *votum*, mot qui a fourni l'espagnol *boda* signifiant « noce ».

Votum était lui-même issu d'une racine indo-européenne *wegh* (représentée aussi en grec et en sanskrit) appartenant au vocabulaire religieux et n'ayant aucune signification politique. Quand les citoyens de la République romaine participaient à l'élection des membres d'une assemblée, ils exprimaient un suffrage *(suffragium)* et non un vote *(votum)*. D'ailleurs l'élection républicaine (voir république*) a une origine beaucoup plus militaire que religieuse : les participants aux comices centuriates (la principale assemblée romaine) se présentaient en armes aux Champs de Mars. Les *Landsgemeinde* (assemblées locales) des cantons primitifs suisses ont perpétué jusqu'à nos jours ces assemblées en plein air où les hommes votent l'épée au côté.

L'usage du mot *votum* dans un sens politique n'existe pas avant l'ère chrétienne. Il ne faut pourtant pas confondre le mot avec l'idée et affirmer que l'élection est liée au christianisme : si les magistrats grecs étaient nommés par tirage au sort, les magistrats romains étaient bien élus par leurs concitoyens.

Mais il est vrai que l'élection des pères abbés et des mères abbesses par leurs moines et leurs moniales permit de faire la synthèse entre système électoral et institutions religieuses et d'assimiler le souhait de l'électeur à un vœu devenu vote. Celui-ci ne lie alors plus un humain et son dieu mais un électeur et son représentant avec la même dimension de réciprocité : dans le vote comme dans les vœux, il y a l'équilibre de l'échange et non la gratuité du don, l'attente d'une vie meilleure et non le cadeau de sa personne. Même le *dévot* touche son salaire, sous forme d'éternité promise et d'espérance béate.

Il y a crise du vote politique et du vœu religieux quand les promesses ne sont plus crédibles. Mais si les religieux peuvent être relevés de leurs vœux, les citoyens ne peuvent *désavouer* leurs votes. Il leur reste à le modifier à l'élection suivante puisque le vote n'est qu'un vœu temporaire.

Références bibliographiques

BAILLY A., *Dictionnaire grec-français*, Paris, Hachette, 1894.

BENVENISTE E., *Le Vocabulaire des institutions indo-européennes*, 2 vol., Paris, Éd. de Minuit, 1969.

BENVENISTE E., *Origines de la formation des noms en indo-européen*, Paris, Maisonneuve, 1984.

BLOCH O., WARTBURG M. W. von, *Dictionnaire étymologique de la langue française*, 2e édition, Paris, P.U.F., 1949.

BRÉAL M., BAILLY A., *Dictionnaire étymologique latin*, Paris, Hachette, 1918.

CARRÉ I., *Mots dérivés du latin et du grec*, Paris, Armand Colin, 1911.

CARREZ M., MOREL F., *Dictionnaire grec-français du Nouveau Testament*, Paris, Delachaux et Niestlé-Cerf, 1971.

CHANTRAINE P., *Dictionnaire étymologique de la langue grecque*, Paris, Klincksieck, 1968.

CLÉDAT L., *Dictionnaire étymologique de la langue française*, Paris, Hachette, 1912.

COHEN D., *Dictionnaire des racines sémitiques*, Paris, Mouton, 1970.

DELAMARRE X., *Le Vocabulaire indo-européen*, Paris, Maisonneuve, 1984.

ERNOUT A., *Philologica* (2 volumes), Paris, Klincksieck, 1946 et 1957.

ERNOUT A., MEILLET A., *Dictionnaire étymologique de la langue latine*, 4e édition, Paris, Klincksieck, 1968.

GAFFIOT F., *Dictionnaire illustré latin-français*, Paris, Hachette, 1934.

GESENIUS W., *A Hebrew and English Lexicon of the Old Testament*, Oxford, Clarendon Press, 1906.

GOURSAU H. et M., *Dictionnaire international des mots usuels*, Saint-Orens de Gameville, Goursau, 1989.

GRANDSAIGNES D'HAUTERIVE R., *Dictionnaire des racines des langues européennes*, Paris, Larousse, 1994.

KLUGE F., *Etymologisches Wörterbuch der deutschen Sprache*, 21e édition, De Gruyter, Berlin, 1975.

LAMPE G. W. H., *A Patristic Greek Lexicon*, Oxford University Press, 1961.

Le Robert, Dictionnaire historique de la langue française, Paris, 1992.

QUICHERAT L., *Dictionnaire latin-français*, 46e édition, Paris, Hachette, 1911.

REIG D., *Dictionnaire arabe-français, français-arabe*, Paris, Larousse, 1983.

SKEAT W.W., *A Concise Etymological Dictionary of the English language*, New York, Perigee Books, 1980.

STAPPERS H., *Dictionnaire synoptique d'étymologie française*, 8e édition, Paris, Larousse, 1924.

STCHOUPAK N., NITTI L. et RENOU L., *Dictionnaire sanskrit-français*, Paris, Maisonneuve, 1987.

THAYER J.H., *A Greek-English Lexicon of the New Testament*, 4e édition, Edimbourg, T. and T. Clark, 1901.

WEEKLEY E., *An Etymological Dictionary of Modern English*, NewYork, Dover Publications, 1967.

Revue *Mots*
Revue de philologie
Cahiers de médiologie

(L'article Spectacle du présent ouvrage, d'abord publié dans les *Cahiers*, est reproduit avec leur aimable autorisation.)

Table

Achevé d'imprimer en mai 2001
sur presse Cameron
par ***Bussière Camedan Imprimeries***
à Saint-Amand-Montrond (Cher)

Édition exclusivement réservée
aux adhérents du Club
Le Grand Livre du Mois
15, rue des Sablons
75116 Paris
réalisée avec l'autorisation des Éditions Albin Michel

ISBN 2-7028-4688-2

N° d'impression : 012248/1.
Dépôt légal : mai 2001.

Imprimé en France